以从容之姿面对未来

小学生涯教育理论与实务

· 中小学生成长指导丛书 ·

贾永春　李攀 ◎ 著

华东师范大学出版社
· 上海 ·

图书在版编目（CIP）数据

以从容之姿面对未来：小学生涯教育理论与实务 / 贾永春，李攀著. -- 上海：华东师范大学出版社，2024. -- ISBN 978-7-5760-5002-8

Ⅰ. G623.92

中国国家版本馆CIP数据核字第2024BF4658号

以从容之姿面对未来
——小学生涯教育理论与实务

著　　者　贾永春　李　攀
责任编辑　张　婧
特约审读　朱丽君
责任校对　杨婷婷　时东明
装帧设计　俞　越

出版发行　华东师范大学出版社
社　　址　上海市中山北路3663号 邮编 200062
网　　址　www.ecnupress.com.cn
电　　话　021-60821666　行政传真 021-62572105
客服电话　021-62865537　门市（邮购）电话 021-62869887
地　　址　上海市中山北路3663号华东师范大学校内先锋路口
网　　店　http://hdsdcbs.tmall.com

印 刷 者　南通印刷总厂有限公司
开　　本　787毫米×1092毫米　16开
印　　张　9.5
字　　数　137千字
版　　次　2025年1月第1版
印　　次　2025年1月第1次
书　　号　ISBN 978-7-5760-5002-8
定　　价　32.00元

出 版 人　王　焰

（如发现本版图书有印订质量问题，请寄回本社客服中心调换或电话021-62865537联系）

目 录

▶ 序 言 /1

▶ 第一章 理论线索
——小学生涯教育理念和实践导引 /1
    一、相关概念 /3
    二、生涯理论概述 /6
    三、生涯理论对小学生涯教育的启示 /11
    问题研讨 /12

▶ 第二章 实践与启示 /13
    一、已有的生涯教育经验 /15
    二、闵行区实践 /24
    问题研讨 /48

▶ 第三章 教育探索
——基于体验活动的小学生涯课程建构 /49
    模块一 启·学涯 /51
    模块二 明·自我 /70
    模块三 展·身手 /87
    模块四 开·眼界 /100
    模块五 慧·学习 /115
    模块六 织·童梦 /128

▶ 后记 /143

序言

进入21世纪，知识经济推动下的职场瞬息万变，因此，在生活和学习的各阶段、各方面，人们都迫切需要获得支持以适应变革。国际社会普遍认为生涯教育的开展越早越好，也越来越重视在学校阶段就给予学生相关职业教育和指导，希望借此不仅帮助学生完成升学和就业，而且优化个体的生涯准备工作和人生状态，以便其顺利度过生涯发展的各个节点，以从容的姿态应对21世纪公民生活和职业世界的挑战，满足自我实现的需要。

当代中小学生在经济全球化、价值多元化、技术信息化和智能化的综合影响下，个性更加鲜明，思想的独立性、选择性、多变性、差异性日趋明显，而学校在学生成长指导方面的相关教育内容、形式、方法、载体，远远不能适应学生的成长需求和时代发展的要求。自2013年起，我们开始进行生涯教育的系统实践研究。我们认为生涯教育具有自然属性，是人不断认识自我、认识社会的自然成长过程，这个过程从小孩有角色意识、扮娃娃家时就开始了。为了让生涯教育更加贴近学生的身心成长过程，而不再是他们面临人生选择之际的一次突击教育，我们开发了"中小学生成长指导丛书"。通过设计学生成长需要的学习和生活情境，帮助学生从人格、价值、需求、潜能等诸方面了解自己、接纳自己；鼓励学生主动探索周围环境，明确个人发展不仅关系到自己和家庭，也与国家和社会的建设息息相关；帮助学生树立人是生涯的主动塑造者的理念，使学生能从人生发展角度思考当前的学习生活，学会做出适合自己的选择，主动规划自己的学习生活，进而获得成长的动力。

本套丛书的小、初、高三本分册均涵盖生涯教育的核心概念、理论线索、目标与内容，以及课程模块等几方面内容，是多年来上海市闵行区开展生涯教育的理论与实践探索的总结。书中的课程模块设计着力于整合知识传授、技能培养、态度引导和价值引领四个方面的要求，始终坚持生涯教育与课堂教学相融合、与社会实践相融合、与家庭教育相结合、与个别辅导相补充四个基本原则。书中设计的教学活动是一线教师开展生涯教育实践的智慧结晶，组织形式具有多样化、重体验和互动性等特征。使用本书的学校和教师可以根据学生实际需求，选择相关课程模块提供的资源予以自由组合，开展生涯教育。

希望这套丛书能够为中小学开展生涯教育提供帮助和支持，如书中有错误、疏漏和不妥之处，敬请包容，并不吝指正，多提宝贵意见。

第一章 理论线索
——小学生涯教育理念和实践导引

生涯教育是伴随人一生的教育，应贯穿于人生的各个发展阶段。小学是一个人身心发展、获取知识、发展能力的关键时期。但是，小学生们还没有形成完善的自我概念，对于职业及外部世界还不够了解，还没有形成未来发展目标。鉴于此，在小学开展生涯教育能够帮助学生认识自我，初步了解职业及外部环境，并对自己的未来进行合理安排与规划，养成良好的行为习惯，为未来的全面发展打好坚实的基础。

作为新时代的教师，我们有必要引导小学生进行生涯探索。但这个教育命题无疑对教师自身的专业素养和能力提出了新挑战：生涯教育从何而来？如何理解和认识生涯教育？生涯教育有哪些理论流派？本章中，我们呈现了生涯教育的相关理论线索，希望有助于广大读者开启小学生涯教育的探索之旅。

一、相关概念

1. 生涯

生涯（career）一词，在古希腊文中的原意为"两轮马车"，后引申为"道路"之意，主要指个体一生的道路或路径，之后随时代变迁其含义有所转变，且不同的人对其看法也不完全一致。生涯一词可以概分为广狭二义，其中狭义系指与个人终生所从事的工作或职业有关的经历；而广义生涯是指人的整体发展，除事业外，还包含个人的整体生活形态。因此，"生涯"具有独特、终生、发展及总合的特性。

以下选取了国内外相关领域几位较权威的专家对"生涯"的定义：

（1）舒伯（Super，1976）认为：生涯是生活中各种事态的连续演进方向和历程，它统整了人一生中的各种职业角色和生活角色，由此表现出个人独特的自我发展形态。

（2）霍尔和古德尔（Hall & Goodale，1976）认为：生涯指一个人终其一生所伴随着的与工作或职业有关的经验和活动。

（3）麦克丹尼尔（McDaniel，1978）认为：生涯是一种关于生活方式的概念，包括一生当中工作与休闲的活动。

（4）金树人（1988）认为：生涯指人一生中所扮演的系列角色和职位。

（5）林幸台（1987）认为：生涯是人一生中所从事的工作，以及其担任的职务、角色，同时涉及其他非工作/职业的活动。

综上所述，我们认为生涯是生活里各种事态的连续演进方向。

2. 延伸概念

（1）生涯发展（career development）

生涯发展指在社会、教育以及相关辅导的协助下，个人建立切合实际的自我概念，熟悉以工作为导向的社会价值观，并将其纳入个人价值体系，通过生涯选择、生涯规划以及生涯目标的追寻和实现，从而使个人拥有一个成功、美满且有利于社会的生涯。

（2）生涯成熟（career maturity）

生涯成熟是指生命的不同阶段有不同的发展任务，发展任务的完成即代表生涯成熟或达到某种程度。因此生涯成熟的程度是由发展过程中个人的位置（location）所决定的。

（3）生涯适应力（career adaptability）

生涯适应力是个体应对生涯中的任务、问题、转折，以及与环境交互作用时所需要的心理资源，是个体应对当前和未来生涯任务和生涯转折时的一种心理社会建构。[1]有生涯适应力的个体具有以下四个特点：① 关注职业前景；② 具有较强的对自身职业、未来的掌控力；③ 具有对可能自我和未来情境进行探索的

---

[1] SAVICKAS M L, PORFELI E J. Career Adapt-Abilities Scale: Construction, reliability, and measurement equivalence across 13 countries[J]. Journal of Vocational Behavior, 2012, 80(3): 661-673.

好奇心；④ 具有较强的实现自我期望的信心。[①] 生涯适应力强调生涯发展过程中人与环境的相互作用，要求人们要不断适应变化的生活环境。因此，这种能力比生涯成熟度更能代表当代社会个体应具备的生涯发展特点。

（4）生涯规划（career planning）

生涯规划指对一个人生涯的妥善安排。在这种安排下，个人能依据各计划要点，在短期内充分发挥自我潜能，运用环境资源，以达到各阶段的生涯成熟，并最终达成个人既定的生涯目标。

（5）生涯管理（career management）

生涯管理指个人或组织对职业生涯进行规划、准备、执行及检视的过程。生涯管理的本质就是自主管理。

（6）生涯教育（career education）

生涯教育这一概念最早由美国教育总署提出并给出明确定义：生涯教育是一种综合性的教育计划，其重点放在个人生涯发展的全过程，即从幼儿园到成年，按照生涯认知（career awareness）、生涯探索（career exploration）、生涯定向（career orientation）、生涯准备（career preparation）、生涯熟练（career proficiency）等步骤逐一实施，使学生获得谋生技能，并建立个人的生活形态。[②] 生涯教育的对象是全民而非部分个体，它从义务教育开始，延伸到高等教育及继续教育的整个过程，致力于实现个体在心理上、职业上及社会上的平衡与成熟的发展，以使每个个体成为自我认知、自我实现及自觉有用的人为基本目标。

（7）生涯辅导或生涯咨询（career counselling）

生涯辅导进一步扩展了职业辅导的范围，尤其应关注以下六个主题：生涯决策技巧的培养、自我观念的发展、个人价值观的发展、选择的自由、重视个体差异、对外界变迁的因应。

[①] 侯悍超，侯志瑾，杨菲菲. 叙事生涯咨询——生涯咨询的新模式 [J]. 中国临床心理学杂志，2014，22（3）：555-559.

[②] 沈之菲. 生涯心理辅导 [M]. 上海：上海教育出版社，2000.

3. 小学生涯教育

小学生涯教育是在充分了解小学生生理和心理特点的基础上，根据小学生的实际情况，选择合适的教育目标、内容和实施方式，进行合理的评价，凭借学校、家长等外界力量的指导与协调，帮助小学生认识自己、规划学业、扩展生活经验和初步了解职业的教育过程。[①] 小学生涯教育旨在促进小学生自我觉察，认识自身兴趣爱好，知晓自己的优点、不足，并找到适合自身发展的方向；培养小学生对生活和学习的管理能力，在小学阶段逐步做到生活自理，能够按时完成学习任务，选择合适的学习方法，制订学习计划；同时，引导小学生初步接触职业、了解职业，增强对工作世界的好奇心。

二、生涯理论概述

1908年，由于工业发展，大量移民涌入美国寻找就业机会，为防止青少年在职业上的适应不良，被誉为美国"职业辅导之父"的帕森斯（Parsons）在波士顿创设职业局，协助青少年就业。之后随着美国政府的介入，职业辅导在社会及学校中得以深入推行。1917—1940年，心理测验在美国兴起，运用心理测验了解个人特质的方法开始盛行，在此情形下，帕森斯提出了特质因素论的生涯理论。之后的霍兰德（Holland）的类型论以及戴维斯和罗圭斯特（Dawis & Lofquist）的工作适应理论都是生涯特质因素论中的代表。1966年，克朗伯兹（Krumboltz）提出了社会学习生涯理论，试图从社会学习的角度来"解读"生涯，认为个体不是被动地接受环境的塑造，而是在与环境刺激接触的过程中发挥自身的能动性。1989年，斯格斯伯格（Schlossberg）提出了转换理论。1991年，彼得森（Peterson）、桑普森（Sampson）等人提出从信息加工取向看待生涯问题解决的认知信息加工理论，把生涯发展与咨询的过程视为学习信息加工能力的过程。1994年，伦特和布朗（Lent & Brown）提出社会认知生涯理论（SCCT），说

---

① 郑巧. 小学生涯教育现状、问题及对策研究——以石家庄市区为例［D］. 河北师范大学，2018.

明了个体兴趣、成就、决定以及满意度等方面的影响因子。2002年，萨维柯斯（Savickas）提出生涯建构理论，揭示了后现代视角下提升生涯适应力的必要性。我们选取了几种有较大影响力、运用较多的生涯理论，简要介绍如下。

1. 霍兰德的职业兴趣类型理论

霍兰德的职业兴趣类型理论（Holland，1973）认为个人的职业选择是其职业兴趣甚至人格在工作、嗜好、休闲活动等方面的反映。因此，霍兰德职业兴趣量表即人格测验；个人由于过去经验的累积和人格特质的影响而选择某职业，所以这个职业也将吸引有相同经验与人格特质的个体；个体在职业上的适应、满足及成就，是由其人格与该工作环境的一致性程度所决定的。基于上述假设，霍兰德将人格类型分为实际型、探究型、艺术型、社会型、企业型和事务型六种形态；与之相应，职业环境也可分为六种；而个人的职业选择即为其人格类型与职业环境交互作用的结果，不同类型的人会依据其人格特质选择不同类型的工作环境。

2. 舒伯的职业发展理论

舒伯的职业发展理论（Super，1986）是一种纵向职业指导理论，重在对个人的职业倾向和职业选择过程本身进行研究。舒伯以美国白人作为自己的研究对象，把人的职业生涯划分为五个主要阶段：成长阶段、探索阶段、确立阶段、维持阶段和衰退阶段。舒伯认为，人生的整体发展通常由时间、广域（或范围）及深度构成。所谓时间，是指一个人的生命历程或年龄，通常又可分为成长、探索、建立、维持和衰退五个阶段；广域（或范围）是指一个人终生所扮演的各种不同的角色，如孩童、学生、公民、休闲者、工作者和家庭主妇；深度是指一个人在扮演每一个角色时所投入的程度。

小学生处于生涯发展的第一阶段，即成长阶段，该阶段儿童的主要任务就是发展自我形象，树立对工作世界的正确态度，了解工作的重要意义。成长阶段包括三个时期：一是幻想期（4—10岁），该时期儿童以自身需求为主要考虑因素，热衷于各种幻想；二是兴趣期（11—12岁），在这一时期其行为主要由兴趣来支配；三是能力期（13—14岁），儿童在该阶段认识到能力的重要性，开始有意识地培养职业能力。

3. 金斯伯格的生涯发展理论

金斯伯格生涯发展理论（Ginzberg，1951）研究的重点是从童年到青少年阶段的职业心理发展过程。他将职业生涯的发展分为幻想期（11岁之前的儿童时期）、尝试期（11—17岁）和现实期（17岁以后的青年阶段）三个阶段。

按照金斯伯格的观点，小学阶段的儿童处于懵懂状态，对外部世界充满好奇，对看到和接触到的各种职业感到新奇、充满幻想。他们对职业的向往仅凭自己的幻想和兴趣，不考虑其他因素，往往多变而不稳定。

4. 克朗伯兹的社会学习论

克朗伯兹的社会学习论（Krumboltz，1966）主张用动态的眼光看待自我与社会，其核心观点包括：能力和兴趣都是通过学习塑造的，也是可以扩展的；兴趣测验只能对过去的经验做出判断，无法对未来做出预测；个体要以开放的心态去体验，发现新的兴趣点；工作的内容是持续变化的，个体必须培养应变能力；强调行动的重要性，个体在行动中形成对自我、世界的推论。

该理论还包含善用机缘论，即个体要规划偶发事件，不排斥意外的发生，强调对偶然性的接纳；认识到每个偶然事件中都孕育着机会；培养抓住机会的能力：好奇、坚持、弹性、乐观以及冒险精神；积极看待生涯犹豫现象，保持探索态度。

5. 吉雷特的生涯决定论

吉雷特在生涯决定论（Gelatt，1989）中，提出了"积极的不确定"的概念，指在做生涯决定时，要以积极乐观的态度，面对和接纳"不可避免的不确定性"，包括信息的不确定性、情绪的不确定性、认知判断的不确定性以及成功概率的不确定性。该理论认为决策是一串连贯的决定，是非序列性、非系统性、非科学性的历程，做决定是将一种信息调整再调整，融入决定或行动内的历程。

6. 彼得森等人的认知信息加工理论

1991年，彼得森、桑普森等人提出了生涯的认知信息加工理论（简称CIP）。该理论建构了一个金字塔模型（图1-1）。

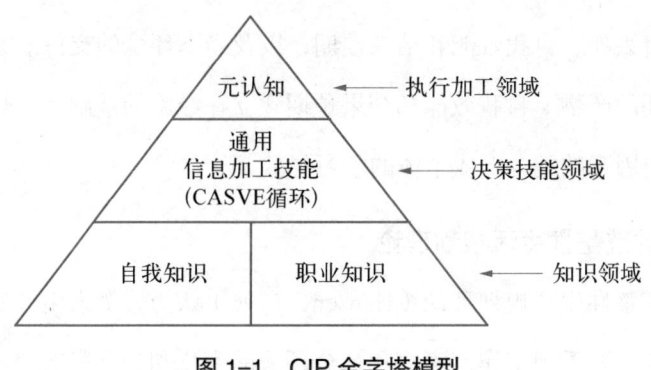

图 1-1　CIP 金字塔模型

塔基为第一级水平，由自我知识和职业知识组成，属于知识领域。塔中为第二级水平，属于决策技能领域，即CASVE循环（图1-2）。塔顶为第三级水平，属于执行加工领域，即元认知。该理论的核心是将生涯选择和决策视为学习信息加工的过程，强调在制定决策时定位、存储和有效使用信息的重要性，聚焦于培养个人解决问题的能力和做出生涯决策的能力。

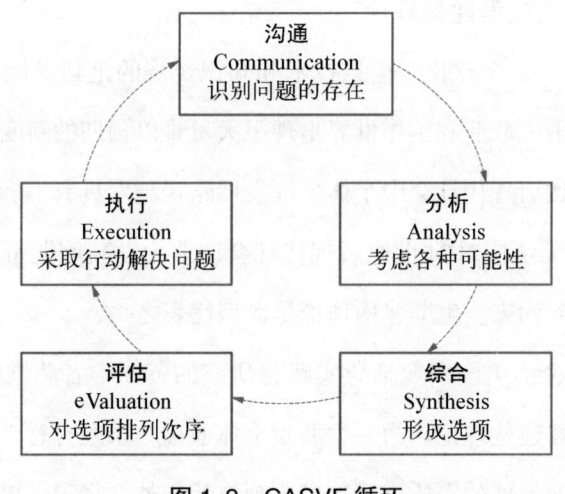

图 1-2　CASVE 循环

7. 伦特等人的社会认知生涯理论

伦特和布朗的社会认知生涯理论（Lent & Brown，1994）提出了生涯发展中的三个变量：自我效能、结果预期、个人目标。基于这三个变量又发展出了兴趣、行动、结果等变量，并建立了各个变量间的互动模型（SCCT理论）：目标的确立需要有兴趣、自我效能和结果预期，以及当下环境的支持；兴趣是自我效能和结果预期的产物；自我效能和结果预期建立在经验的基础上，是可变的；个人因素和环境因素的配合形成个体的学习经验。

8. 汉森的统整性生活规划理论

汉森的统整性生活规划理论（Hansen，1996）认为，个人生涯发展伴随着社会环境的改善，要重视工作、家庭和社会环境的变化和相互影响，提升对六个生命任务的觉察：① 思考地区性、全国性和全球性的需求和情境，找出需要完成的工作（不要只关注自己生活的区域，要对全球负责任）；② 找出将我们的生命/生活交融成有意义整体的方式，考虑性别角色及与家人、朋友和其他团体的关系；③ 找出与家庭和工作相连接的方式；④ 基于对多元文化、文化多样性和包容性的重视，做出明智的选择；⑤ 探索价值观、灵性和生活意义，并应用于自己的选择过程；⑥ 学习如何管理个人身份的转换和组织机构的转变。

9. 萨维柯斯的生涯建构理论

进入21世纪后，全球化、信息技术和知识经济的迅猛发展给人类社会带来了持续不断的冲击，职业和工作世界出现了大量难以预期的新变化。组织的变化和职业的流动导致后现代社会中个体生涯发展路径越发具有不确定性。当传统的职业心理学理论无法应对21世纪后现代社会职业生涯新问题带来的挑战时，后现代主义浪潮席卷而来。生涯建构理论是典型代表之一。

生涯建构理论由美国职业辅导实践与研究的资深学者萨维柯斯教授在2002年正式提出。生涯建构理论认为，生涯是个体通过一系列有意义的职业行为建构出来的。个体职业发展的实质就是追求主观自我与外在客观世界相互适应的动态建构过程，①是个体在综合考虑自己的过往经验、当前感受、未来抱负以及外部职业世界的基础上，做出职业发展行为选择，并将其赋予个人意义。该理论包括三个核心内容：人生主题、职业人格和生涯适应力。②

人生主题（life themes）即个人生涯故事的主题，是在个体生命过程中反复出现的一些模式和风格，这些模式和风格构成并诠释了个体的生命历程，③解释了为什么每个人对待工作和生活具有不同的态度。

职业人格（vocational personality）是指与个体生涯相关的能力、需求、价值观和兴趣。职业人格并不是个体内在稳定的特质，而是个体在与环境互动过程中产生的适应性结果，个体可以根据情境培养和调整职业人格。

生涯适应力（career adaptability）是生涯建构理论中的核心概念，阐述了个体应如何应对生涯发展不同阶段的任务。个体在职业世界内外部相互碰撞过程中所作出的努力和尝试，就是生涯适应的过程。

三、生涯理论对小学生涯教育的启示

一是根据生涯发展阶段，科学定位并推动学生完成发展任务。小学生处于生涯发展成长阶段（0—14岁）中的幻想期（4—10岁），该时期在整个生涯发展阶段中起着基础性的作用。在小学开展生涯教育，帮助学生了解自我、了解职业、了解社会是非常有必要的。应鼓励学生通过更多的探索和体验，包括进行更多职业角色的探索，提升自我认知，完成该阶段的特定发展任务。

二是充分运用小学生喜欢探索、渴望了解新事物、善于模仿的特点，创设职业体验场景，通过参与、观察、学习、模仿等社会学习方式，引导学生了解职业知识，扩展学习经验。同时，鼓励学生在与环境互动的过程中，探索职业兴趣，实现自我成长，增长职业经验，学习职业策略，为未来的人生规划打下良好的基础。

---

① 关翩翩，李敏.生涯建构理论：内涵、框架与应用[J].心理科学进展，2015，23（12）：2177-2186.
② 侯悍超，侯志瑾，杨菲菲.叙事生涯咨询——生涯咨询的新模式[J].中国临床心理学杂志，2014，22（3）：555-559.
③ 徐国民，杜淑贤，钱静峰.中小学生涯教育理论与实务[M].上海：上海交通大学出版社，2017：19.

三是助力小学生培养学习兴趣与能力，树立职业理想。小学阶段是个体作为学习者角色的开始阶段，因此应该引导小学生感知学习的乐趣，借由正式学习与非正式学习等多样的学习途径，培养自主学习的技能，通过各类体验活动体验学习的意义和价值，并形成初步的理想信念。

四是以发展的视角，引导学生多探索、多体验、多体悟，以成长性思维看到自己在每一个当下的"能"与"暂时不能"，并引导他们自主、多元、积极发展自我，建构不同时期的人生经验。

问题研讨

与职业生涯教育相关的理论众多，由于篇幅所限，在此不能一一详述。我们选取了其中一些重要理论进行概述，希望给予读者基本的理论指导，更为重要的是启发读者联系自身的教育教学实践，对相关理论进行进一步的深入学习、探讨和运用。以下，我们列举了一些问题，供大家在进一步的理论学习中思考和研讨。

1. 在众多对于"生涯"的诠释中，你最认同哪一种？为什么？

2. 请比较不同时代的生涯教育理论之间的异同，并分析新近提出的理论对以往理论有哪些传承、创新和补充。

3. 生涯教育理论的提出与其所在时期的社会、经济发展之间有怎样的关系？

4. 本书介绍的几种理论中，你认为最适合用于指导你所在学校（或班级）的小学生涯教育实践的是哪一种？为什么？

5. 除了本书中介绍的几种理论，你还找到了哪些生涯理论？其核心观点是什么？这些理论对小学阶段的生涯教育有怎样的启发？

6. 基于你的工作经验和对生涯教育的理解，你觉得小学阶段的生涯教育还需要关注哪些重要因素，以及可以有怎样的工作设想？

⊙ 第二章 实践与启示

小学阶段的身心成长是人一生发展的基石，因此职业生涯教育也应从小抓起。国外的小学职业生涯教育重在对小学生的生涯发展进行指导，帮助学生树立职业意识，对学生未来的职业生涯规划起到了积极的促进作用。他山之石，可以攻玉。希望通过学习和借鉴他国的生涯教育先进经验，为当下小学生涯教育的实施与开展带来触动和启发。另一方面，我们将回顾、总结区域内的生涯教育实践，希望能为小学生涯教育的持续发展带来新思考。

一、已有的生涯教育经验

1. 美国

（1）政府的有力组织作为保障[①]

在管理模式上，美国政府设立了专门负责管理生涯教育的职能机构。中学前各年级的生涯教育主要由教育部初等和中等教育司联合相关生涯教育项目组织、研究机构、基金会，在综合生涯内容的普通学科课程、各种联系学习内容与工作世界的项目等多个领域共同协作。美国对于生涯教育的行政管理一般实行州教育董事会下的教育专员负责制。专员负责州内各种生涯教育和其他教育项目的计划、预算和各部门之间的协调工作。从经费上来看，生涯教育的运作大多数是靠州政府的财政扶持的。联邦的资金主要用于支持促进生涯教育项目质量提升的高水平活动，以便为州和地方带来积极影响。

（2）具有明确的课程目标

20世纪80年代末，美国职业信息统合委员会（National Occupational Information Coordinating Committee，NOICC）在美国联邦教育部的支持之下制定了《国家职业生涯发展指南》，从自我知识（self-knowledge）、教育和职业探索（educational and occupational exploration）以及生涯规划（career planning）三大领域说明了处

[①] 孙淑敏. 小学生生涯发展理论研究与教育实践的新进展［D］. 东北师范大学，2013.

于不同年龄阶段的人们必须具备的生涯能力（表2-1）。

表2-1 美国《国家职业生涯发展指南》中的生涯发展领域及能力指标

领　　域	能　力　指　标
I. 自我知识	• 能力一：了解正向自我概念对个人的影响 • 能力二：学习和他人正向互动的技巧 • 能力三：了解成长与发展的重要性
II. 教育与职业探索	• 能力四：了解教育成就和生涯规划的关系 • 能力五：了解对于工作和学习所需具备之正向态度 • 能力六：掌握使用、评估及诠释生涯信息的技巧 • 能力七：习得找寻、获得、维持及改变工作的技能 • 能力八：了解社会需求和功能对工作性质和结构的影响
III. 生涯规划	• 能力九：习得做决定的技巧 • 能力十：了解生活角色相互间的关系 • 能力十一：了解男女性别角色的持续变化 • 能力十二：习得生涯规划的技能

小学阶段职业生涯教育的总体目标是认识自我、职业探索、简单的职业规划。美国大多数小学又将其分为三个阶段：初级阶段重在帮助学生培养职业好奇心、产生职业意识；3—4年级阶段，着力于发现学生兴趣、引导学生思考"相关的职业应该具备什么技能"；小学高年段阶段，重在让学生发现当前所学学科对未来职业的作用。[①]

（3）多样化的生涯教育活动

美国小学的生涯教育内容丰富、形式多样，教师通常通过播放教学视频、影视作品等形式让学生了解职业性质，通过"模拟法庭""模拟市场""模拟商店"让学生直观地了解职业特征，还会通过地图、绘画等方式讲解职业生涯教育内容。美国为小学的职业生涯教育设置了各式各样的活动，比如"职业日"，学校通过与社会相关企业合作，邀请企业家、教师、医生、律师等人士来校做讲座，通过面对面的传授去感染学生；或带领学生参观职业现场，让他们直观地感受相

---

① 刘敏，罗佳丽. 美英日小学职业生涯教育的经验及启示［J］. 西部素质教育，2018，4（19）：9-10.

关职业的魅力；还可以开展相应的职业生涯教育实践活动，如社区实践活动。

（4）重视生涯教育课程的结构性和系统性

在生涯辅导和教学实践中，美国从20世纪70年代起逐渐打造了一批生涯集群课程来充实学生的职业知识，帮助学生了解更多职业选择，从而更加明确自己的发展意向。其做法主要是：根据职业的共同特征把职业进行分类，细化生涯集群，根据共同的核心技能标准，综合学生的兴趣和社会的需要开发生涯集群课程。生涯集群课程一方面突破了传统生涯教育只重视职业技能传授，忽视基础知识教育，从而导致学生的职业选择受限的问题；另一方面通过梳理职业的内在联系，建立生涯课程结构体系，使学生在一个职业群内学习共同的基础知识和职业技能，为学生未来的职业转换提供了基础和条件。

2. 英国

（1）强大的法律和制度保障

强大的政策支持是英国良好的职业生涯教育的基础。早在1910年英国即颁布了教育法案，要求地方教育部门为青少年提供就业服务，并配备专门官员负责提供就业帮助和指导，这种制度延续至今。1948年颁布《雇佣和训练法》，要求专门指导教师和校外的职业官员协调配合帮助学生规划职业生涯，解决当时的职业生涯教育问题。1997年颁布的《1997年教育法案》和2003年颁布的《全国生涯教育框架》，为学校的生涯教育目标、内容、活动开展提供了参考。2017年颁发的《职业生涯战略》将职业生涯体系的相关部门联合在一起。2018年颁发的《学生职业生涯教育指南》再次提出与职业生涯教育相关的办法和措施，进一步完善教育内容。由此可见，英国政府大力支持中小学开展职业生涯教育。

（2）设置专门的生涯协调员

英国教育与技能部要求所有公立学校设置"生涯协调员"（career co-ordinators），指定专门教师负责生涯教育与指导的开展，从而保障生涯教育的教师队伍建设。他们不仅要与学校管理者们共同规划学校的生涯教育，为学生提供直接的生涯教育与指导，还要与地方生涯服务机构保持密切联系，及时反映学校生涯教育的实施情况。同时，通过与地方生涯服务机构的协作，联系企业和工厂，为学生提供参观和实习的机会。

(3) 社会各界的广泛参与

首先，在政府的支持下，英国在各个地区建立了多个职业生涯教育培训机构，如北爱尔兰生涯服务处、苏格兰生涯服务处等，通过面对面讲解、学生及家长协作、电话热线服务、网站咨询等方式解决学生的疑惑。其次，完善地方课程设置，学校积极配合。各地方教育部门设置生涯教育机构，为学生提供职业参观及实习基地，更新职业信息。再次，家长积极参加学校开展的校企合作的讲座及活动，接受定期培训，以便帮助学生更好地独立成长。最后，教育与技能部建立了许多网站，供学生自行选择，通过这一方式为学生提供个别指导和职业咨询。

(4) 设立卓越的地方生涯教育服务机构

英国各个地方的教育部门设有专门的生涯服务机构，以协助学校实施生涯教育。地方生涯服务机构能够为学生熟悉各种职业提供咨询与指导；建立学校与企业、工厂的广泛联系，为学生提供参观和实习的机会；提供最新的职业信息，为学生和家长分析目前的职业变化趋势，帮助学生确定自己适合的工作范围，为将来的职业发展做出明智的选择。

(5) 建立大量生涯教育网站

为了配合学校和地方生涯教育机构开展生涯教育，英国教育与技能部建立了许多与生涯教育有关的网站。这些网站能为学生提供个性化的教学和咨询，学生可以根据个人的需要，获取相关材料和信息，此举弥补了学校生涯教育中的不足。同时，这些网站还为学校开展生涯教育提供了大量材料、实例和建议。

(6) 实施生涯教育与指导的质量评估

英国政府要求对学校开展生涯教育的质量进行评估，学校要不时地接受教育标准局督学的检查。对学生在生涯教育与指导活动中取得成绩的情况进行评估，可以使学生、家长了解学生的学习进展，使教师了解教学中的不足，思考教学策略的改进。如2013年，英国盖茨比慈善基金会发布了研究报告——《好的生涯指导》（Good Career Guidance），提出了"好的"学校生涯教育的八项标准，被称为"盖茨比标准"（Gatsby Benchmark）。这八项标准分别为：① 有一个稳定的生涯教育项目；② 充分运用生涯和劳动力市场信息；③ 满足每位学生的发展需求；④ 使课程学习与生涯发展建立联系；⑤ 提供与雇主、员工交流的机会；⑥ 获得第一手的工作场所经验；⑦ 接触下一阶段的继续教育和高等教育；⑧ 提供个性化辅导。"盖茨比标准"已成为指导学校开展生涯教育的基础与标准。

3. 丹麦[①]

（1）保障性的制度和机构

1981年，丹麦颁布《教育和职业指导法案》，并成立教育和职业指导国家委员会，作为政府咨询机构提供支持服务。在终身指导理念以及全球化的影响下，2003年丹麦进行了全面改革，颁布了《教育、培训和职业选择指导法案》，并成立青年指导中心、地区指导中心等专门机构。

（2）终身性与主体性的职业生涯教育理念

丹麦的职业生涯教育以终身教育为指导理念，强调教育应该贯穿人的一生，教育体系应统筹协调家庭、学校和社会，将各系统进行有机连接，为每个学生的未来教育与职业规划和决策奠定基础。同时，丹麦生涯教育主张尊重个人主体性，让学生主动发现和了解生活与工作世界，发展自我决策能力，提高社会适应能力和职业调适能力，最终学会自我建构职业生涯。

（3）系统性、操作性和序列化的职业生涯教育内容和目标

在终身性与个性化的职业生涯教育理念的指导下，丹麦立足于学生生活实际，设置系统性、操作性和序列化的目标和内容，并结合职业特点对中小学学生应掌握的知识、技能和能力以及应形成的态度都作出了明确的规定。丹麦职业生

---

① 赵伟，张志欣.中小学职业生涯教育：来自丹麦的经验[J].现代中小学教育，2015，31（1）：115-120.

涯教育将职业生涯发展能力指标融入1—9年级学生的各科学习中，按照学生不同的年龄阶段、身心发展特点确立教学目标，围绕目标设置个人选择、教育培训和职业、劳动力市场三个知识和技能领域的内容，并采用具有可操作性的方法推行实施。

（4）多途径、多方法的职业生涯教育方式

除了基于班级课堂的职业生涯教育，丹麦中小学还与当地青年指导中心合作组织社会实践活动，如考察当地企业、参观青年教育机构、提供为期一或两周的实际工作体验等。青年指导中心也在学校里为学生开展个人或团体辅导等活动。同时，学校还建立了与企业、公共就业服务中心、青年教育机构等组织的合作。

（5）专业的职业生涯指导人员

职业生涯教育教师既是教育的设计者、提供者，又是引导者、催化者，其水平直接关系到职业生涯教育的质量。丹麦高度重视职业生涯教师的水平，着力建设专业化、科学化的职业生涯教师培养体系。丹麦在高校设有职业指导专业学位，包括本科学位和硕士学位。同时，还设立了专门服务辅导员的虚拟资源中心，为其提供职业生涯教育相关的电子新闻服务、在线文章、虚拟图书馆、立法链接、实践信息、研究活动、调查和分析等资源。

4. 日本[①]

（1）政府主导下的职业生涯教育

日本职业生涯教育及保障措施都是在政府主导下进行的，政府通过制定相关法律政策，对各个教育阶段的教育内容、方法、目标设立了明确的规范，并确保其能正确实施。日本小学设有"职业生涯教育推进委员会"这样的专业组织机构，它往往和教务机构相结合，将职业生涯教育融入教学活动中。

（2）完整的职业生涯教育体系

日本在2002年召开了"关于推进职业生涯教育的调查研究协力者会议"，并

[①] 唐植君.日本小学职业生涯教育的本土化及启示［J］.教学与管理，2015（26）：58-59.

于2003年发布公告,此公告分析了儿童的身心发展特点,认为学习活动会影响学生的职业意识。因此,日本强调学校职业生涯教育教学活动的重要性,目标是培养学生处理人际关系的能力、信息活用的能力、规划未来的能力、处理紧急事故的能力等。2004年文部省组织的"关于推进职业生涯教育的综合调查研究协作会议"指出,小学职业生涯教育内容包括培养职业观、劳动意识,形成积极的人生态度和养成良好的生活习惯,帮助学生认识自我,憧憬未来。日本国立教育政策研究所中小学生指导研究中心认为,与职业生涯有关的能力有四种:人际关系形成能力、信息活用能力、规划未来能力、志向决定能力;2011年,日本中央教育审议会将其进一步修正为"基础与通用性能力"——人际关系与社会关系形成能力、自我理解与管理能力、问题应对能力、职业规划能力。各个学校在制订职业生涯教育计划时往往会以此为参照,并结合学校的情况、所在地区的情况及学生的实际情况开发课程,帮助学生掌握这四种能力。由此,日本在小学阶段打造了完整的职业生涯教育内容体系。

(3)将生涯教育与未来的出路相联系

日本十分注重把教育和小学生未来的出路紧密联系在一起,通过"特别活动课""道德课"等循序渐进地开展"做合格社会成员"等活动,以此培养学生积极的生活态度和热爱劳动、尊重劳动者的意识,逐步使学生形成为社会服务的意识。为了促进学生职业生涯的发展,学校还会培养学生的自我认知、和谐人际关系构建、职业信息探索等能力。

(4)完善的师资队伍

学校有专门的职业生涯辅导教师,这些教师经过专业的、系统的职业生涯教育培训,获得了辅导资质,充分了解日本职业生涯教育的目的、方法和任务,而且对大多数职业、企业的现状比较熟悉,因此他们不仅能将职业理念融入教学,而且能将最新的职业发展状况及就业情况告知学生,帮助他们及早树立职业意识和职业精神。辅导的方法主要有小组辅导和个人辅导两种,可以做到因人而异、因材施教。

（5）注重开展职业生涯实践活动

日本的小学往往在政府主导下与企业建立了良好的合作关系，使企业成为优秀的职业生涯教育资源。在职业生涯教育中，学校会择机带领学生走出学校，走入企业亲身体验，由企业员工向学生讲述正确的职业思想，进行合理的职业引导。在此类活动中，学生不仅能体会到作为社会一分子应尽的责任和义务，而且能切身体验理想中的职业状态，更加坚定自己的职业理想。21世纪以来，日本政府制定的职业生涯教育综合计划推崇"新体验计划"，使学生初步获取职业经验的体验活动在日本迅速得到普及。

5. 韩国[①]

（1）生涯教育目标与内容逐层递进、有效衔接

2015年，韩国教育部发布了新修订的《中小学生职业生涯教育目标及完成标准》，对中小学生职业生涯教育目标及达成细则做出了详尽规定。以新时代韩国中小学生应当具备的"核心素养"为基础，职业生涯教育所设置的目标主要包括"自我认识与社交能力""职业与工作世界理解能力""生涯探索能力"和"生涯设计与准备能力"四个维度的能力提升。秉承终身教育的理念，同时考虑到不同学段学生的心理特点、接受教育程度等因素，韩国中小学职业生涯教育对四个维度下的小学、初中、高中各学段的目标作出了明确设定。四个维度下的三个学段的职业生涯教育目标相互联系、逐层递进。

（2）课程统合型教育与学年·学期集中制教育相结合

韩国中小学职业生涯教育是以课程统合型职业生涯教育为重心展开的，从具体运行模式来看，实行贯穿中小学所有学段的课程统合型职业生涯教育与在特定学年或学期开展的学年·学期集中制职业生涯教育并行的模式。所谓课程统合型职业生涯教育，是在平时的课程教学中融合职业生涯教育，让学生在课程学习中自然而然地获得关于职业及前途规划等方面的知识及资讯，积极主动地思考未来

---

① 吕君，韩大东."核心素养"背景下韩国中小学职业生涯教育探究［J］.职业技术教育，2019，40（7）：68-73.

发展空间及方向。小学、初中、高中三个学段的课程统合型职业生涯教育的侧重点不同，小学阶段以职业认知为中心。学年·学期集中制职业生涯教育是指，从小学五年级至高中一年级期间，选取特定学年或学期增加课程统合型职业生涯教育的教学时数，提高职业生涯教育在中小学"创意性体验活动"中的比重，实施集中式的、深度强化的职业生涯教育。具体分为集中学年制和集中学期制两大类，按照小学、初中、高中三个学段来划分，小学五年级或六年级的职业生涯教育包括分散型、集中型和混合型三种模式。

（3）政府、社会、学校、家庭四位一体

① 政府加大对中小学职业生涯教育的经费投入，提高职业生涯教育质量。为了确保中小学职业生涯教育的顺利开展，韩国政府加大了对中小学职业生涯教育的经费投入，并确保经费预算的逐年增长。扩充中小学职业生涯教育的相关软硬件设施，如成立国家职业生涯教育中心和地区职业生涯教育中心，为中小学职业生涯教育的开展提供坚强后盾。开通生涯教育网站，为中小学生、教师、家长、企业等提供最前沿的国内外职业相关信息，为学生提供多种测评程序和参与职业体验的经历证明等，为教师提供职业生涯教育的教学内容和方法指导等。

② 小学职业生涯教育获得了社区、企业、大学、研究机构的共同支持。韩国政府2015年颁布的《职业生涯教育法》中加入了"各级政府、公共机关、公营及私营企业等有义务为各学校提供职业生涯教育及'自由学期制'活动开展的场地及人力支援"的条款。另外，政府成立了职业生涯体验支援中心，帮助学校和社区、企业、大学、研究机构之间建立职业生涯体验伙伴关系。学校和社区、企业、大学、研究机构在职业生涯体验支援中心网站上提交申请意愿后，由中心帮助其结对并建立合作关系，辅助职业生涯体验后续工作的开展。政府还向为学校提供职业生涯体验服务的企业、大学、研究机构等颁发职业生涯体验认证书，与此同时，表现优秀的机构可获得教育部长官表彰证书等。

③ 为中小学校配备职业生涯规划专职教师，同时注重提高教师的职业生涯规划指导专业水平。《职业生涯教育法》规定，每个中小学校要安排一名以上的

职业生涯规划专职教师。另外，中小学校还会通过召开各种研讨会、经验分享会，开展线上线下相结合的长期研修活动等，对学校管理者（校长、校监）、班主任及教师进行培训和教育，提高其对职业生涯教育规划的认识，提升其职业生涯规划指导水平。

④ 注重家庭教育的作用，加强父母对子女进行职业生涯教育的意识，提高其职业生涯指导技能。学校为学生家长发放职业生涯教育的相关材料，并每年召开两次说明会，让家长能获取最新职业资讯和职业生涯教育相关知识，配合校内开展的职业生涯教育，推动建立家校合作，促进职业生涯教育效果的最大化。

二、闵行区实践

随着新一轮教育综合改革的持续推进，小学生涯教育的开展需要落到实处。课程怎样设置、教师怎样教、学生怎样学等诸多新问题，需要我们进行系统的研究和实践。透过他国经验可以看到，各国普遍具备比较清晰的小学生涯教育目标与内容、专业的师资队伍、生涯教育资源以及有目的、有计划的各种体验活动。通过学习他国经验，结合区域小学和学生实际，我们确立了本区的小学生涯教育目标与内容，并取得了一些实践经验。

1. 区域实践

（1）建立小学生涯教育目标与内容体系

小学生处于生涯发展成长阶段的"职业幻想期"。此阶段以小学生自我概念的形成和生涯意识的培养为主要目标，助其逐步养成积极向上的学习态度、生活习惯和劳动观念。主要应实现以下目标：养成良好的个人习惯与态度，认识自己的长处及优点，正确认识自我，悦纳自己；提升学习的自主性、自觉性；形成生涯发展的自主意识。

自我发展方面：引导小学生了解自己的兴趣和爱好，展示个人的兴趣爱好，表现自己的长处和能力；了解自己和他人的情绪和感受，学会处理冲突的好方法，选择合适的方式控制自己的情绪；知晓习惯的重要性，养成良好、健康的习惯。

学业规划方面：引导小学生分析个人在各学科的优势与劣势，知晓能力、努力和成就之间的关系，养成良好的学习习惯，了解、分析个人的学习习惯和学习效率，制订一个改进学习的行动计划。

职业探索方面：引导小学生通过身边人了解职业分类及其对各自职业的满意度，获知工作的重要性；了解小学升入初中的基本情况，以及升入初中后面临的变化，做好适应变化的准备；了解个人目前的学习对自己未来理想职业的影响。

（2）区域开展分层分类的生涯教育培训

一所学校生涯教育的有效开展，需要校级干部、德育主任、生涯老师、学科老师发挥不同的职能，具备不同的能力、素养。从2014年暑期开始，闵行区即根据区域生涯教育推进规划，以及学校不同工作角色参与生涯教育的不同路径与方式，有目的、有计划地实施分学段（小学、初中、高中）、分层（初阶班、进阶班）、分类（学科渗透、班级建设、个别生涯咨询与辅导）的生涯教育培训，以提升区域生涯教育师资队伍的决策能力、管理能力、执行能力，保障区域、学校生涯教育的扎实推进。

（3）建构生涯教育平台

生涯教育平台集生涯测评、生涯档案、个性化生涯辅导与咨询、大学专业资源介绍、生涯教育课程资源等为一体，其功能包括为区域、学校提供生涯教育设计依据，为教师提供丰富的生涯教育课程资源等。平台涵盖四大数据库：高考志愿填报（现有2 856所高校）、专业数据库（92个专业的简介和视频）、职业数据库（1 481个职业的介绍）、生涯资源库（教材、教案、课件、学习单、微课）。上述数据库均可以在使用过程中不断进行资料的更新和增加。

（4）成立生涯教育项目研究中心组，攻关重难点问题

2015年，闵行区集聚区域内生涯教育种子教师，采用项目攻关的方式，有针对性地解决区域生涯教育开展过程中的重点和难点问题。当前，已开发的系列微课有：青春期异性交往的意义、良好的印象管理与"疯狂动物城"、十九大特辑——文化自信、"院校专业组"来了、二胎童话、乔哈里窗、最佳舒适区等；

还开发了霍兰德兴趣探索卡牌、多元智能探索卡牌等，为全区生涯教育的有效开展贡献智慧和经验。

（5）充分利用区域资源，建设体验平台与课程

体验是生涯认知、探索、发展的基础。区域充分利用上海市西南工程学校、上海市群益职业技术学校等职业学校得天独厚的资源优势，共建面向不同学段孩子的普职融通课程体系，带领学生体验点钞、汇取款、3D打印动漫作品、汽车维修、服装设计、园林绿化、工业机器人应用与维护等工作内容，建设多样化的综合实践课程，增进学生对各行各业的了解与接触，帮助学生发现自己的兴趣和潜能，"遇见未来的自己"。后续还将共建"机器人实训中心""机器人创新实验室"等生涯实践基地。

此外，闵行区依托各街镇行业特色资源，整体布局区域行业化、体系化职业体验资源。虹桥交通枢纽、"重工业"聚集的江川街道、中医药资源丰富的浦江镇、聚集工匠艺人的七宝老街，都成为学生充分走进社会、探寻行业、揭秘职业、走近工匠的体验活动资源平台。

2. 学校实践

（1）虹桥路小学

在"行走的课堂"中开展小学生生涯启蒙教育[①]

小学阶段是生涯教育的启蒙阶段，此阶段的发展任务是让学生扩展生活经验，提升生涯认知；具体的目标是让学生了解职业，树立对学习和未来生活关系重要性的认识，参与喜爱的活动并探索兴趣爱好，扩展对周围世界的认识。上海市闵行区虹桥中心小学充分发挥学校周边行业场馆等社会资源优势，尝试在"行走的课堂"即少先队社会实践活动中融入生涯启蒙教育内涵，注重

---

① 唐晓安，吴怡，张倩，张怡. 在"行走的课堂"中开展小学生生涯启蒙教育［J］. 江苏教育，2021（93）：11-15.

建立场馆资源和学科资源的有效连接，促进学生将书本知识转化为实践能力，助力学生自主探究意识和能力的培养、自我与个性的发展，以及学习动力的提升，达成生涯意识启蒙、生涯发展能力养成等育人目标。

一、调查分析，明确生涯辅导校外实践活动的目标

（一）调查学生需求

根据目前学界对生涯发展阶段的划分，我们一般认为小学中高年级是发展生涯意识的阶段。由于该阶段侧重"启蒙"，我们可以通过单元教学培养儿童的自我意识和职业意识，扩充儿童对职业的了解。课程内容可以分为了解自我和了解职业两部分：了解自我包括了解长处优势、自我能力发展等；了解职业包括了解职业分工、职业内容、简单职业规划等。

为了解学生生涯发展的真实水平，为生涯教育目标和内容设计提供依据，学校开展了三至五年级学生生涯发展状况问卷调查，问卷内容包括自我觉察、对学业的认识、生涯能力、职业认知以及对梦想的设定五个方面。

自我觉察类问题主要用于了解学生对自己的优缺点、兴趣、爱好、能力的认知清晰程度。调查结果显示，大部分学生知道自己的优缺点以及能力大小，对于自己兴趣、爱好的觉察最敏锐，具有一定的自我觉察能力，但是还需要通过教师引导和自我探索，才能实现对个人特点的进一步的发现和澄清。

对学业的认识方面主要考查学生自主学习能力和学习状态的情况。调查结果显示，小学中高年级学生有一定的自主学习能力，但是计划性和针对性比较弱，学习缺乏目标及动力，需要通过引导形成"学习有道，学习有法"的意识。

关于生涯能力的调查主要围绕情绪、时间和人际能力来进行。通过数据分析可以看出，三个年级的学生在情绪和人际方面有着良好的基础，在时间管理方面成长的空间比较大。

对职业认知情况的调查显示，小学中高年级学生的职业认知意识比较薄弱，大部分学生不会去了解父母的职业，但都认为有适合自己的职业；大部分学生就"我对职业了解有兴趣并且会思考自己将来能不能从事这个职业"和"我认为所有的职业都一样有价值，并且我都愿意从事"这两个问题做出的选择是"部分是"。我们结合访谈了解到，大部分学生对职业了解是有兴趣的，但是不会将自己与职业联系起来，原因是觉得太遥远；他们都认为每个职业都是有价值的，但并不是每个职业都是个人愿意从事的。

对梦想设定的调查结果显示，小学中高年级学生中"有梦想并能将梦想作为前进的目标"的人数仅占总数一半左右；所有学生都认为实现梦想是不容易的，非常清楚梦想实现过程中会产生困难。对于"我的梦想很多并且老是改变"这个问题的回答，选择"是"与"不是"的人数几乎各占一半，通过进一步访谈了解到，大部分学生的梦想的确不止一个，产生这些梦想的原因包括兴趣爱好的指引、家长职业的影响、偶像的影响等。由此可见，学生并不能自主发展出对职业梦想的关注和认识，还需要外界的启发与引导。小学中高年级生涯教育中非常重要、不可或缺的内容之一就是对职业的认知和梦想的启迪，这也是促进学生自我觉察及拥有学习动力的重要方面。

（二）设定生涯教育目标

基于前期的调查研究结果及社会实践活动经验，学校制定了生涯启蒙教育校外实践的目标，即通过对企业的实地参观，让学生初步认识和感知各种各样的职业，扩充对社会职业的了解，提高自我认识，发展职业兴趣；通过深入探究一个职业（行业）的探秘系列活动，引导学生了解职业的要求、规范，丰富对职业和职业价值观的认识，增强学习动力，激发职业梦想；通过设计自主探究活动，引导学生将探秘某一职业的经验迁移至其他行业的探秘活动，提升学生主动学习的能力，进一步扩充学生对职业的认知，培养学生生涯发展的意识。

二、基于学生身心发展特点，构建生涯辅导校外实践活动框架

小学三年级学生的自我意识开始萌发，各项心理能力已初步具备但尚不稳定；逻辑思维开始发展，但是直观思维更显重要；喜欢参加活动。所以三年级的活动设计围绕"职业初探"这一主题进行，主要通过开展企业实地探究活动，引导学生初步感知职业、感知社会，发现自己的职业兴趣。

小学四年级学生的自我意识、思维能力、心理能力普遍进入快速发展期，开始具备自我思考的能力，可进行更深层次的职业探索。所以，四年级的活动设计选择利用学校周边的地铁博物馆资源，围绕"地铁探秘"这一主题，开发主题职业探秘系列活动，让学生通过活动任务深入探索职业，丰富职业价值观，增强学习动力。

小学五年级学生的自我意识更加凸显，具备一定的自我学习和探究能力，因此，活动设计围绕"行业自主探究"这一主题，将自主权交给学生，让学生

将在主题职业探秘中获得的能力迁移至其他行业的探秘活动，扩充对职业的认知，感受职业体验的乐趣，同时进一步感受职业精神、职业品质，通过自主选择、自主探究，增强运用知识解决问题的能力。生涯辅导校外实践活动框架设计见表2-2。

表2-2 生涯辅导校外实践活动框架

生涯辅导目标	主题	单元	主要运行方式	活动对象	辅导教师
初步认识和感知各种各样的职业，扩充对社会职业的了解，提高自我认识，发展职业兴趣	职业初探	企业参观体验	与研学活动融合	三年级	班主任
		机关参观体验			
深入了解职业的要求、规范，丰富对职业和职业价值观的认识，增强学习动力，激发职业梦想	地铁探秘	地铁里的标识	与馆校合作联合	四年级	班主任，地铁博物馆、地铁公司特聘辅导员
		地铁里的职业装			
		地铁匠人			
		地铁车票			
将某一职业的探秘经验迁移至其他行业，提升主动学习的能力，进一步扩充对职业的认知，培养生涯发展的意识	行业自主探究	各类行业博物馆	与学科教学整合	五年级	班主任，任课教师，家长，其他特聘辅导员
		各类行业企业	与社区资源组合		
		行业中的匠人	与家校共育配合		

三、实践探索，开发生涯辅导校外实践的实施策略

（一）任务驱动，初步感知职业

学生在教师问题的驱动下，紧紧围绕活动任务，通过对资源的积极主动应用，进行自主探索和互动协作的学习，并在完成既定任务的同时思考个人梦想。为了让学生明确每次职业探索的目的，学校将每个单元的内容设计成一份份"任务单"，让学生带着任务、带着目标走出校门，走进企业进行探索。以三年级为例，根据生涯辅导的目标定位进行如下设计：

1. 设计活动模块

任务单含四个模块：模块一是"走进行业（企业），我们出发啦"——了解行业（企业），猜想其中的各种职业；模块二是"遇见行业，我们体验啦"——通过参观，了解工作环境、工作服饰、工作用具、工作状态等；模块三是"分享所见，我们受益啦"——开展参观之后的分享活动；模块四是"创想未来，我们行动啦"——为参观企业提供一个设计创意等。

2. 过程"前移后续"

实践活动之前，由各班班主任通过组织主题队会进行主题探究指导：介绍企业情况、搜集学生问题、设计调整任务单。实践活动中，学生带着问题开展考察，针对任务单中的问题进行观察、访谈、记录。实践活动之后，再由各班班主任通过快乐队会的形式开展探究分享活动。在这一过程中，学生不仅认识了各种各样的职业，也培养了对职业探索的浓厚兴趣。

（二）以点触面，深入探索职业

四年级的"地铁探秘"实践活动，从地铁的建设、生产、运营、维护等领域充分挖掘资源，开展系列化地铁职业探秘活动，引导学生在现场观察中感知，在交流访谈中感悟，利用各种资源丰富生涯体验活动。具体活动架构见表2-3。

表2-3 "地铁探秘"主题单元活动架构

主题	单元	生涯辅导目标
地铁探秘	地铁里的标识	感知职业的多样性
	地铁里的职业装	了解职业的要求与规范
	地铁匠人	培养职业价值观
	地铁车票	培育职业发展意识

1. 确立"四个一"活动体验

基于生涯辅导目标，通过"一堂认知课""一张任务单""一次探索游"和"一场分享会"系列实践活动的实施，形成"初步感知、深入探索、自主感悟"递进式的活动体验。一堂认知课，即活动的前移，可以是活动前的任务梳理，也可以是活动中的知识传授；一张任务单，既是对学生探究问题的梳理，也指向对学生探究过程的评价；一次探索游，引导学生用眼观察、用口交流、用心感受；一场分享会，即活动的后续，学生对实践活动展开汇报总结，教师对生涯辅导目标进行落实强化。

2. 创生"识、探、行、创"探究步骤

识——认识各种器物，读懂它们的作用，感知地铁行业的产业链。探——通过访问、网络搜集信息等方式进行深度探究，激发学生主动探究的愿望。行——在行走中，通过比一比、辨一辨等方式，增进对地铁职业分类的认识。创——将辨识、探究的成果实物化。四个活动步骤可以根据活动内容的顺序进行有机调整，同时将活动步骤设计成探究任务单，便于学生有条理地开展活动。

如"地铁里的职业装"这一单元，以"为了地铁的安全，那些看得见和看不见的地铁职业装"为主题，引导学生了解地铁相关的不同职业，感受地铁的安全运行离不开这些职业。实践活动依据"识、探、行、创"四个步骤开展。

识——通过公众号微讲座，让学生认识、了解地铁职业服装，引导学生去探寻职业装背后的职业。

探——学生通过网络及家长资源进行调查，梳理形成关于地铁职业装和地铁相关工作的调查问题清单。

行——学生走进地铁去观察地铁工作人员的工作，结合前期问题的梳理，通过访谈进行职业探访。

创——学生用自己喜欢的方式将对地铁职业的认识记录下来，可以是画一画工作场景，可以是叙一叙工作状况，也可以是说一说工作感悟，并和同伴进行分享。

（三）走近榜样，感悟职业品质

"地铁匠人"这一单元，主要通过"匠人匠心讲故事"的形式，让学生从这些默默付出的人身上体会到职业的价值，感受劳动的温度与职业精神，树立正确的职业价值观。

1. 从人物经历中体会职业精神

学校邀请上海申通地铁集团维护保障有限公司的青年匠星孙健华，开设"开启梦想号专列"职业启蒙教育讲座。讲座从一张工作名片和一份学习经历入手，鼓励学生提问。有的学生问：为什么工作以后还要去攻读硕士？有的学生问：土建维护与地铁有什么关系？气氛异常活跃，激发了学生对职业的思考。

2. 从工作故事中感悟职业品质

地铁公众号上有一则微视频《上海的温度——一根钢轨》，讲述了地铁人为了保障运行安全，在深夜克服种种困难紧急更换一根钢轨的故事，体现了地铁安全运行保障人员默默无闻却责任重大。学校从地铁匠人入手，在微课堂"一根钢轨——让劳动更有温度"中以公众号的这则微视频作为导入，并邀请地铁人进行采访，请他们讲述自己工作中非常紧急或者印象深刻的一件事，让学生感悟到每一个看得见、看不见的岗位都有重要的职业意义，都需要认真负责的职业品质。课后，学生用自己喜欢的方式将感悟记录下来，并进行交流分享。

（四）能力迁移，扩充职业认识

五年级的"自主探究"活动对四年级的实践经验进行迁移，充分挖掘学科的隐性教育资源，并结合家长资源，引导学生完成对职业的探索与认识。五年级生涯实践自主探究菜单见表2-4。

表2-4　五年级生涯实践自主探究菜单

探究步骤	探究途径	探究内容	主题推荐
1. 制定探究方案 2. 聘请辅导教师 3. 组织探究行程 4. 形成探究成果	各类行业博物馆	1. 行业的发展史 2. 行业包含的各种职业 3. 行业中职业的特点、职责 4. 探究感悟的呈现 ……	武术博物馆 中医药博物馆 乐器博物馆 钟表博物馆 邬达克纪念馆
	行业实体企业	1. 该企业所属行业以及该企业的简介 2. 该企业的岗位以及岗位职责 3. 该企业的特点 4. 探究感悟的呈现 ……	闵行牙防所 康师傅绿色食品研发中心 利虹坊（利丰集团） 红星国际影城 万象城
	某行业的职业人	1. 该职业人所属的行业以及该职业人的工作职责 2. 该职业人一天的工作流程 3. 该职业人对自己工作的看法和满意度 4. 你对该职业的感悟 ……	跟随父母上一天班

四、反思总结，提升生涯启蒙教育的实效

（一）学生生涯意识提升

在课题总结阶段，学校从自我认识、学业认识和职业意识三个方面进行问题设计，形成"小学生生涯意识调查问卷"，再次对学生进行了问卷调查。结果显示，自我意识、职业意识、职业尊重感等指标数据都呈现出明显的提升。

（二）教师教育理念更新

从无意的职业启蒙到有意的课程推进和活动设计，教师浸润在生涯启蒙教育的实践中，有了对生涯教育的重新认识和再次定义，明确了学校生涯启蒙教育要做的不只是纯粹理性的标准建立，更重要的是要提供丰富的学习过程与合乎人的发展规律的实践体验。

（2）鹤北小学

生涯教育视域下暑期实践活动的设计与实施[①]

一、生涯教育视域下的暑期实践活动设计

（一）生涯教育视域下暑期实践活动主题的选择

丰富多彩且富有童趣的活动是符合学生身心发展的一种教育形式，是学生认识世界、模拟改造世界的重要途径和手段。活动育人是立德树人的教育手段，活动应该追求教育性，同时又要追求"大象无形"，自然地而非刻意地在学生的生命成长中留下"印记"。成功的主题活动犹如生活中的浪花，在学生的生命发展历程中会留下鲜明的痕迹，在关键时期还能成为学生发展阶段转换的敏锐触发点。因此在策划、设计、组织活动时，应该从形式上寻求丰富，在活动中附着文化，于过程中彰显活力，化教育于现实需要。

[①] 朱卉婷.生涯教育视域下暑期实践活动的设计与实施［J］.现代教学，2022（Z2）：46-49.

如何激发孩子们在炎热的暑期参与志愿服务活动的热情？生涯教育视域下，生发了全新的视角——"寻找这座城市中的'最高温'"这个主题，即在夏季这个一年中温度最高的季节，让学生全方面地感受不同职业默默承受的"热"和职业人心中怀揣的"热"，充分感受职业的多样性及特点，从而进一步理解社会主义核心价值观中"敬业"的内涵，树立职业平等的意识，培养感恩奋进之心。

（二）生涯教育视域下暑期实践体验活动内容设计

没有体验就没有教育，就没有生命的成长。丰富的成长体验，对生涯教育尤为重要。因此，基于学生的认知能力、生活经验，为学生创设丰富的体验场景，构建与"最近发展需要"适切的活动目标，制定清晰、具体可操作的实践活动方案，并为之做好充分的准备，是充分发挥活动育人价值的重中之重。学校梳理优质家长资源，与周边社会教育场馆、服务机构、公共场所等联合，选取了10处体验地点，面向四、五年级学生，形成主题鲜明的活动单（表2-5）。活动单从"体验地点""体验内容""活动目标"和"活动准备"这四方面向学生提出了具体的要求与指导，活动入口清晰可视，操作性强。

以"走近地下大动脉"——走近地铁1号线莘庄站为例。地铁是大都市的孩子都非常熟悉的交通工具，因其快速、省时、便捷与环保的优点，成为广大人群出行的首选，与学生生活紧密相连。这一地点的主要体验内容是了解轨道交通运营情况、莘庄站各个岗位的工作职责。学生们分为三组，分别体验乘客购票的指导、闸机安检的引导、站内队伍的疏导等。在活动前，学生们需要熟悉1号线沿途的主要站点、可换乘其他线路的站点、含旅游景点的知名站点等；需要了解莘庄站各类出口的位置和附近主要道路信息、不同时段人流情况等；还需要掌握安检设备的图像辨认和自动售票充值一体机的操作方法。这个体验地点的活动目标是让学生们通过了解地铁车站不同岗位的职能作用和工作人员为出行更便捷付出的努力，增强社会服务意识，发扬"全心全意为人民服务"的奉献精神，体会到职业背后看不见的辛苦与坚守。

表2-5 "寻找这座城市中的'最高温'"暑期综合活动单（部分内容）

体验项目	体验内容	活动目标	活动准备
"玩转大超市"——欧尚大卖场东川店	1. 参观超市，了解购物流程，熟悉卖场环境； 2. 了解超市的运作和管理； 3. 体验劳动，增强服务意识。	1. 初步了解支持超市正常运作的管理部门，了解超市配货、库存、收银、安全管理等知识； 2. 感受超市内相关职业人的工作辛劳，理解成人工作的辛苦； 3. 树立积极应对困难的态度以及学习怎样与顾客沟通。	1. 了解大卖场内部的布局； 2. 了解商品种类的大致分布； 3. 熟悉操作自助结账机器的方法。
"美食之旅"——沪华国际大酒店	1. 参观酒店大堂、餐厅，了解酒店各个服务部门的构成； 2. 了解厨师的主要工作内容，交流疑问； 3. 学做夏季时令凉拌菜； 4. 在礼宾部完成服务任务。	1. 初步了解并体验厨师的工作； 2. 感受厨师工作的辛苦和不易，体会他们的工作价值； 3. 让学生更加了解事物的来源，懂得珍惜粮食； 4. 在服务性岗位的体验中提高人际交往的礼貌和技巧。	1. 酒店准备：凉拌菜需要的食材、安排礼宾部工作人员代表； 2. 学生准备：充分的安全教育。
"天使在人间"——上海第五人民医院	1. 参观医院各部门，初步了解医院的日常运作模式； 2. 初步学习急救包扎的简单技巧，知道包扎的基本流程； 3. 学习自助挂号机的使用。	1. 初步了解医院的常规看病流程，学习急救包扎； 2. 感受医务工作者的日常工作内容，体会医务工作的辛苦； 3. 通过自助挂号机的志愿服务，提升沟通能力和社会责任感。	1. 了解医院的基本科室； 2. 了解简单的就医流程。

续表

体验项目	体验内容	活动目标	活动准备
"骄阳下的指挥家"——闵行交警支队五中队	1. 参观交警工作场所，初步了解交警的工作职能； 2. 开展交规知识竞赛，参与交通法规宣传； 3. 学习指挥交通的基本手势，体验维护交通秩序。	1. 初步了解和体验交通警察的工作； 2. 认识交通标志，学习指挥交通的手势，知道交通法规的重要性； 3. 体会遵守交通法规的重要性，树立文明出行、珍爱生命的思想意识。	1. 了解简单的交通法规；准备一张纸和彩笔； 2. 观看交通安全宣传片，认识交通标志。
"谢谢，快递小哥"——顺丰快递浦江集散中心	1. 参观知名快递中转点，初步了解快递行业的工作环境和流程； 2. 体验接件、送件服务，熟悉自助机器的使用。	1. 通过接件、送件服务，感受这份职业的辛苦； 2. 通过与快递小哥的互动访谈，树立职业平等意识，激发感恩之心。	准备好避暑遮阳物品。

二、生涯教育视域下的暑期实践活动实施

（一）打破顶层设计的整齐划一，加强组织协作沟通

活动开展前期，由校德育教导、大队辅导员、心理健康辅导专职教师以及四、五年级的德育组长组成的团队完成实地探访与活动设计，编制各体验点活动体验学习单。不对活动形式做整齐划一的要求，应结合各体验点特色，形成形式多样的体验活动。假期正式开始前，学校通过休业式①宣传动员，各班班主任老师将活动单推送至班级组织推进。开学后，在班级进行小队活动经验总结的基础上，开展校级表彰活动，评选"热火朝天"小队团体奖和"热力四射"队员个人奖，获奖团体及个人在开学典礼的舞台上进行展示交流，提升活动的余热，用共生性的经验打造下一轮活动的目标。

（二）打破学生固有交往格局，拓宽现有的朋友圈

高年级的孩子往往有比较稳定的自发小团体，交往对象和活动足迹稍显单

---

① 休业式：即与开学典礼相对应的一种仪式，通常在每学期的最后一天进行。

一，仅仅局限在各自的小队和朋友圈内，同伴关系和友谊成了影响孩子成长的重要因素。所以这一时期特别需要老师去引导学生打破交往的局限，建立良好的交往关系，强化同伴间的积极影响，促进班集体的整体进步。这一次活动就是一个打破交往局限的好平台。在活动推进落实的过程中，紧扣四五年级孩子在这一阶段最鲜明的成长需求——交往，力求面向每个学生，打破自发的"小群体"交往局限，建立良好的交往关系，强化同伴间的积极影响，给予每个学生最大的自主空间。具体的操作方式是各个班级依循"队长认领——队员投票——成队——写策划书——活动开展"的流程推进，并且在"成队"环节采取两轮选择和确认活动单的方式，即如果在第一轮选择时，更喜欢其他小队选择的任务，可以选择跨队去参加其他小队的活动；在汇总公布了全年级小队意向后，还可以选择跨班级组队。班主任在二次确认结束后，对于新成员较多的小队、人员较少的小队、存在跨班级成员的小队这三种特殊群体进行及时的介入和更多的关注，帮助孩子们更顺利地完成活动。在活动开展的过程中，孩子们会面临讨论、协商、组织、分工等各项挑战，会从不同角度获得锻炼和体验。尤其对于那些重新组队的成员，人际交往能力和适应能力也会有不小的突破和进步。

（三）打破学科之间的壁垒，实现师生智慧跨界合作

在综合活动单里，学科元素随处可见，科任老师丰富的学科教育资源是综合活动非常需要的。因此在暑期活动过程中，由学校牵头，班主任老师有意识地建立起学习目标和活动内容的连接，通过整合班级科任老师的力量，实现跨界合作，打造生长感十足的活动现场。如音乐老师加入某一次的小队活动，负责活动单中文艺节目的审核指导工作；美术老师在前期的课堂上设计专题教学内容，帮助孩子们制作个性化的志愿者服务标识、卡牌、海报等；卫生老师利用学校卫生广播的时间，在去医院探秘前为孩子们做一些自护常识的普及教育；数学老师和英语老师作为活动后援团进入班队课课堂，和孩子们一起研究分类巧算的好方法，分享一些常用的口语交际用语……学科提供的外部资源可以让孩子们解决活动中许多已知和未知的困难，提升活动品质。

（四）打破单一的评价维度，提升评价过程的育人效应

学生对活动的体验，往往有很大一部分来自师生之间、生生之间、组际之间的相互评价带给他们的感受。有针对性地进行多元评价，以肯定性评价为

主，会使学生提升对活动的体验感及对自我价值的理解，积极呈现个性特点。具体的学生评价，起点可以是生成的，也可以是预设的；评价内容有针对个体能力范畴的，也有针对群体活动成效的；但是就具体的推进机制而言，需要老师和学生在交互中共同建立清晰的过程意识。

例如，活动的综合表现性评价标准设计如下：

（1）整个小队能够定点、定时、定人地开展暑期生涯实践活动。

（2）活动前进行分工协调，完成相应的准备内容；活动后形成过程性的记录材料。

（3）每位成员通过实践活动了解一项职业的工作内容、工作要求，掌握该职业的某一个小技能。

（4）人人参与阶段性汇报展示，以各种形式展现活动场景，交流活动感受，分享活动收获。

教师在活动正式开展前引导学生进行解读，内容指向活动的开展，让教育与评价同步，不断放大评价过程的育人效果。

（五）打破家庭之间的阻隔，凝聚家校教育合力

"双减"政策的落地给家庭带来三个重要变化，即教育重心回归家庭、闲暇时间回归家庭和美好生活回归家庭。对于学生暑期生涯教育活动来说，家长的参与和指导是非常重要的。如暑期生涯活动单是学校前期通过大量调研和沟通联系，与定点单位"牵手"协作后慎重推出的，其中起关键性作用的是家长的大力支持与无私配合。在学生活动进行过程中，提供场馆与实践活动资源的家长又带动了班级其他家长的参与投入，因此，学生之间的交往与合作，其实也是家长之间的配合与协助，打通了家庭之间的界限，不断催生出新的教育智慧。这种开放的暑期活动转向带动和吸引了更多家长交往互助，也盘活了社区力量的辅助支持，进一步形成了家庭、学校、社会三位一体良性互动的教育体系，激活了社会教育的主动性和参与性，使得学生的暑期生涯教育活动更加丰富和有效。

三、生涯教育视域下的暑期实践活动育人价值提升反思

民间有"小暑大暑，上蒸下煮"的谚语，因此在一年中温度最高的三伏天，人们应当少外出以避暑气。但孩子们走出舒适的空调间，通过走访一个个体验地点，看到了各行各业的人们兢兢业业地驻守在每一个岗位上，他们汗水

湿透是寻常，饭点不定是常态，马不停蹄早已习惯。在与这些一线劳动者面对面的观察、交流与相处中，孩子们不仅了解了身边形形色色的职业类型，开阔了自己的生涯认知，萌发了纯真的职业梦想，也树立了职业平等的意识，更明白了每一份工作的坚守都源于背后执着的热爱。孩子们在这场酣畅淋漓的盛夏"热"浪中，自己也在不断地长身体、长学问、长能力，更长智慧、长责任和长情谊。每一次知识技能的学以致用，每一次真实问题的探索解决，每一次才能的施展发挥，每一次对具体情境、关系或事件的体验，每一次视野的开阔、思想的进步，都会让孩子获得发自内心的喜悦和力量，继而实现自我成长，不断进步。生涯视域下的暑期实践活动"热"潮也给我们带来了更多的反思与启发。

（一）活动设计要坚守儿童立场

世界的大小，得用自己的脚步去丈量。人都是在自己的经历经验中成长的，学生是自己暑期生活的建构者，是暑期生活的主体。活动的目的是促进学生的发展，因此要将关注点落在学生身上，了解学生成长的需求点，尊重他们的喜好。暑假里，他们不止是学生，还是"放假的孩子""家庭的一员""社区、社会、自然界的一员"，融"会休息的放假人""会承担的家庭人""会融入的社区人""会玩中学的孩子"和"自己发展的主人"等角色于一身。基于这样的儿童立场，我们在策划活动时，侧重于关注活动中学生的参与面、参与方式及参与质量；在总结活动时，找准活动推进过程中出现的问题背后的原因，而后又将学生新出现的需求融入下一轮的活动策划、组织、评价、反思、重建当中，助力学生的自我成长。

（二）活动设计要与时俱进

本轮暑假实践活动紧扣"热"这个主题，充分挖掘了"热"的多元内涵，真正提升了活动的热度。但每年暑假活动面向的学生群体和反映的时代主题不同，以时代主题为例，有世博会、奥运会、花博会、进博会等热点，也有新中国成立70周年、建党100周年等重要庆典。在组织暑期学生社会实践的生涯教育活动过程中，不能只从单一的职业类型体验出发，忽视了当年和当时的活动主题，变成"自娱自乐"，要把学生的需求、育人的根本要求、生涯教育的最终目标以及时事热点等密切结合，进行有针对性的设计，才能吸引学生的兴趣，激发学生的求知欲、探索力与责任感，为国家培养合格的建设者与接班人。

（三）活动设计要充分挖掘其育人价值

教育要思考"培养什么人""为谁培养人"和"怎样培养人"的问题。暑期生涯教育活动既要寓教于乐，也要把握正确的育人方向和目标，让学生正确认识"大我"与"小我"之间的关系并做出抉择。通过生涯教育活动，学生既要认识到自己的不足和社会发展的要求，也要认识到职业竞争与发展的存在，更要认识到无论做出怎样的生涯与职业选择，都要树立正确的生涯价值观，将个人的成长和发展与国家、民族的命运紧紧联系在一起，这恰恰是教育工作一直要把握和思考的。

（3）罗阳小学

依托家长讲堂，助力小学生生涯启蒙教育[①]

美国"生计教育"之父马兰博士提到，"所有的教育都是或都将是生涯教育"。小学是学生由相对被动地学习转向自主学习的重要时期，生涯教育有助于激发学生的好奇心，让学生逐步从兴趣培养转向理想树立，从而促进其主动学习。在班级日常教育和管理中，笔者发现，随着学生年段递增，学生疲于应对各类课外文化辅导课程和升学压力，对学校各类活动的关注度递减；家长作为家班合作的有力同盟军，对于小学阶段的生涯教育知之甚少，认同度也不足。为了改变这样的状况，激发学生对未来发展和选择的向往，同时在家班合作中提升协同亲密度，班级开始了"家长讲堂"（又称"生涯讲堂"）的探索之旅。

一、自上而下——明确活动目标，完善整体规划

我们首先对家长讲堂进行了"自上而下"的整体运作规划（表2-6）：一是明确目标，以学校"儒学博雅，英气勃发"的育人目标为引领，班级制定自己的讲堂活动总目标，重点关注学生的生涯"自我探索"启蒙认知；二是组建核心团队，强调从家校合作角度进行逐层架构，并充分给予学生参与权、

[①] 杨瑛.依托家长讲堂，助力小学生生涯启蒙教育[J].闵行教育研究，2020（2）.

决策权、评议权；三是确立运作模式，以"顶层设计、项目驱动、自发创建、家校联动、辐射宣传"为行动路径。

表2-6　班级家长讲堂整体规划

班级家长讲堂整体规划			
总目标			以"让童年生活丰富起来，让学习生活有趣起来，让学生多才多能起来"为目标，充分挖掘家长资源，在协同共育中开展班级家长讲堂活动，引导学生走近家长，走向社会，在实践体验中培养兴趣，在了解不同专业和不同职业的过程中产生对未来发展和选择的向往，促进学生主动学习。
核心团队	学校层面	学生部	从学校办学理念和育人目标出发确立项目负责人，监督项目实施和验收成果，进行校级新闻推广。
		项目负责人	完成整体规划，跟进活动开展，完成活动评价以及考核。
	班级层面	班主任	根据班级学生需求，与家委会成员、学生代表共同商议，确定讲堂主题和具体实施步骤。指导家长和家委会成员共同完成活动设计和资源收集。总结班级活动经验，发现问题和不足之处，完成班级活动新闻推送。
		家委会	参与班级讲堂整体策划，协同进行活动前期动员与环境布置。参与活动资源收集和整理，给予后勤保障。完成活动评价并收集家长反馈意见。
		学生代表	参与活动内容决策，传达班级学生心声。参与活动评价设计和意见反馈。
		家长志愿者	提供讲堂家长资源。参与教学和资源搭建、活动评价和意见反馈。

二、问卷调研——挖掘家长资源，定制开讲"菜单"

首先，通过向班级家长下发"家长讲堂征询单"，我们将收集到的申报主题分为时尚与艺术、工艺与制作、科技与创新、植物与自然、法律与健康、文化与语言、金融与物流七大类。接着，各班核心团队经过共同商议，精选一个课题上报学校，形成了23节班级家长讲堂的开讲"菜单"（图2-1）。

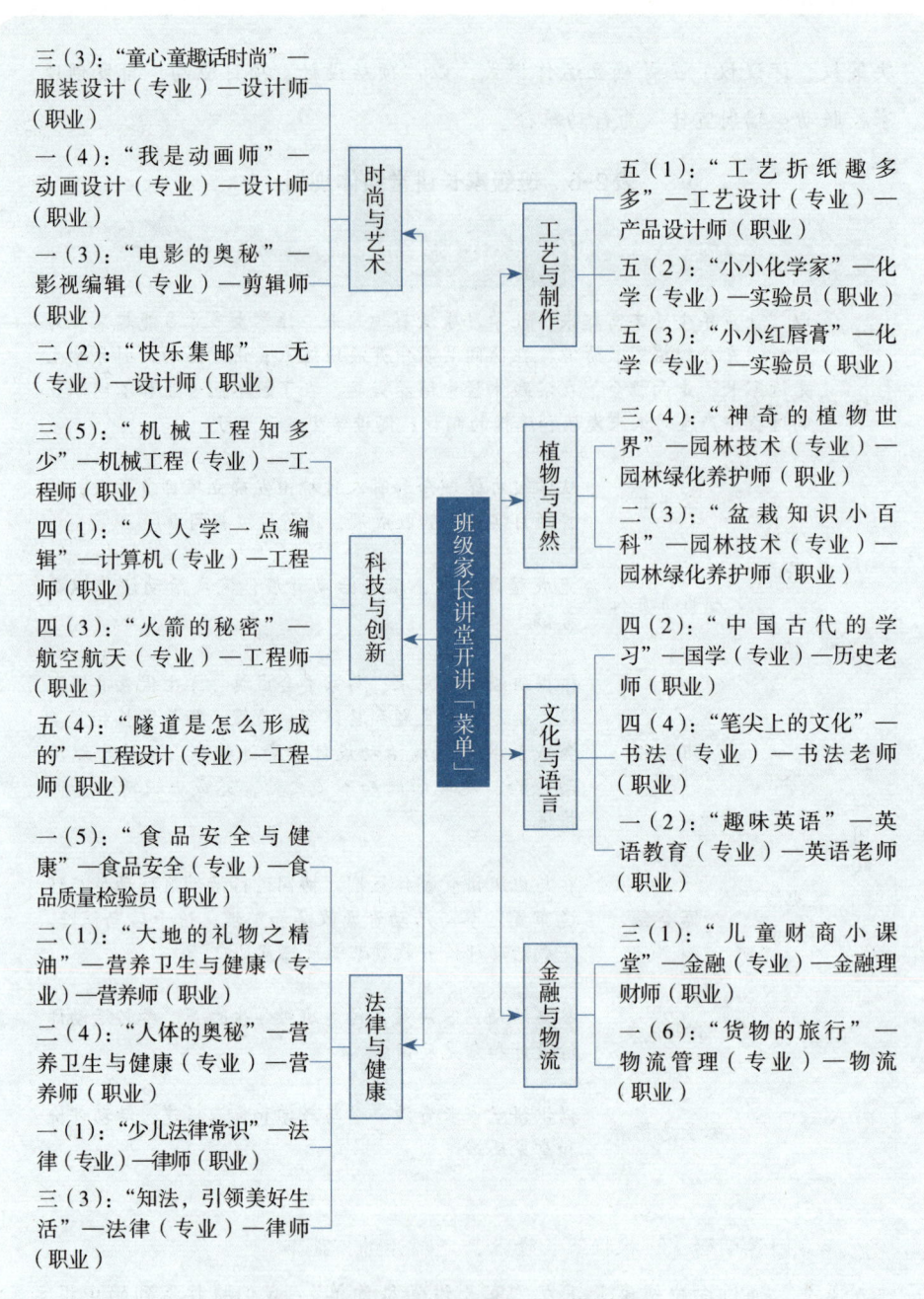

图 2-1 班级家长讲堂开讲"菜单"

班级家长讲堂开讲"菜单"

- **时尚与艺术**
  - 三（3）："童心童趣话时尚"—服装设计（专业）—设计师（职业）
  - 一（4）："我是动画师"—动画设计（专业）—设计师（职业）
  - 一（3）："电影的奥秘"—影视编辑（专业）—剪辑师（职业）
  - 二（2）："快乐集邮"—无（专业）—设计师（职业）

- **科技与创新**
  - 三（5）："机械工程知多少"—机械工程（专业）—工程师（职业）
  - 四（1）："人人学一点编辑"—计算机（专业）—工程师（职业）
  - 四（3）："火箭的秘密"—航空航天（专业）—工程师（职业）
  - 五（4）："隧道是怎么形成的"—工程设计（专业）—工程师（职业）

- **法律与健康**
  - 一（5）："食品安全与健康"—食品安全（专业）—食品质量检验员（职业）
  - 二（1）："大地的礼物之精油"—营养卫生与健康（专业）—营养师（职业）
  - 二（4）："人体的奥秘"—营养卫生与健康（专业）—营养师（职业）
  - 一（1）："少儿法律常识"—法律（专业）—律师（职业）
  - 三（3）："知法，引领美好生活"—法律（专业）—律师（职业）

- **工艺与制作**
  - 五（1）："工艺折纸趣多多"—工艺设计（专业）—产品设计师（职业）
  - 五（2）："小小化学家"—化学（专业）—实验员（职业）
  - 五（3）："小小红唇膏"—化学（专业）—实验员（职业）

- **植物与自然**
  - 三（4）："神奇的植物世界"—园林技术（专业）—园林绿化养护师（职业）
  - 二（3）："盆栽知识小百科"—园林技术（专业）—园林绿化养护师（职业）

- **文化与语言**
  - 四（2）："中国古代的学习"—国学（专业）—历史老师（职业）
  - 四（4）："笔尖上的文化"—书法（专业）—书法老师（职业）
  - 一（2）："趣味英语"—英语教育（专业）—英语老师（职业）

- **金融与物流**
  - 三（1）："儿童财商小课堂"—金融（专业）—金融理财师（职业）
  - 一（6）："货物的旅行"—物流管理（专业）—物流（职业）

图 2-1 班级家长讲堂开讲"菜单"

此外，每节讲堂还会推荐一个与主题相关的参考专业和参考职业。最终介绍了服装动漫、影视工艺、化工制造、航天工程、园林、科技、食品安全、法律、国学、金融、物流管理等18个专业，设计师、剪辑师、实验员、工程师、园林绿化养护师、律师、教师等15个职业，使学生产生了更多对未来发展和选择的向往，令讲堂体验更为丰富、饱满。

三、流程细化——三方集思广益，制定讲堂流程

课前，各班核心团队根据学校总目标，自拟生涯讲堂分目标，完成开讲"目录"设计。目录等同于一份告知书，预告相关讲堂"何时开，在哪开，谁来讲，讲（做）什么，需要准备/整理什么"等信息。以三年级"神奇的植物世界"为例（表2-7）。

表2-7 班级开讲目录

"神奇的植物世界"班级家长讲堂开讲目录					
时　间	12月3日（14:30—15:25）	地点	三（4）班	主　讲	陈祐
目　录	内　　容				
活动目标	1. 初步了解植物的习性和特点，感受植物生长的奇妙过程。 2. 发挥想象力，在小组合作中尝试制作干花书签，培养团队合作意识。 3. 初步了解园林技术专业和园林绿化养护师职业。				
活动准备	讲师——课件；班级——干花书签制作材料包（32份）。				
活动作业	动手制作一张"干花书签"。				
资源整理 （活动结束）	1. 主讲人简介；2. 讲堂课件；3. 活动照片；4. 活动新闻稿；5. 班级活动评价表。				

四、学评一体——关注过程体验，汇集评议反馈

（一）学——关注活动体验，共享学习乐趣

学生是活动的主体，是活动实施的最终受益人。学生在实践体验中拓宽眼界，激发自主探究的好奇心；家长也在参与、陪同中体验到亲子共学的乐趣。整合家长资源开展生涯讲堂，还能在学生心中同步播撒感恩的种子，并提升家长主动参与班级活动的热情，在资源相互渗透和家班协同共育中焕发活动的生

命力。下面以五年级"小小红唇膏"活动纪实为例。

"母亲节"当天，在学校"六艺学堂"实践基地，五年级3班开展了"小小红唇膏"班级家长讲堂活动。主讲家长一方面介绍制作材料，让学生了解到制作原材料包含一些化学材料（色素、精油等）和天然材料（乳木果油、蜂蜡等）；另一方面还边实践边讲解制作过程，让学生了解到要想掌握好成分配比，除了看懂说明书，将来还要认真学习化学知识，未来他们也可以从事实验员的工作，在实验室里具体研制润肤材料等化妆品，成为专业领域的人才。学生也以小组为单位，根据主讲家长的示范和手中的步骤图进行组内合作探究。过程中相互请教、合作互助，共同完成了属于自己的主题作品。回到家，学生将自己制作的唇膏当作节日礼物送给母亲，以表感恩之心。活动结束，班级家长反馈，他们感受到了自身榜样垂范作用的重要性，这次活动激发了他们主动参与后续生涯启蒙班级家长讲堂的热情。

（二）评——梳理评议反馈，聚焦成长需求

本着"融合个性化需求，关注成长点滴，聚焦个体差异"的活动评价理念，我们注重差异化、全面化评价，设置两级评价表——校级评价表（表2-8）和班级评价表（表2-9：学生评价表；表2-10：家长/讲堂志愿者评价表）。校级评价侧重于反馈学生立场、家班合作、资源整理、活动宣传几个角度的信息，并将改进建议推送给班主任，完成班级考核，评选和表彰校级十佳优质讲堂。班级评价主要用于了解全体学生和家长参与者的活动体验满意度，并收集活动反馈建议等，做到"有评价，有反馈，更有温度"。对于所有参与讲堂的家长，学校期末统一颁发家长志愿者荣誉证书，以增强家长参与的仪式感。

表2-8 校级评价表

班级家长讲堂评价表（学校）					
班级	讲堂名称	开讲时间	总体评价	□A □B □C	
本次家长讲堂活动是否能够基于学生立场，激发学生主动学习的热情？					

续 表

班级家长讲堂评价表（学校）
本次家长讲堂活动内容是否丰富、有趣？对于学生成长和未来发展具有一定的启蒙意义？
本次家长讲堂活动是否在家班合作下共同完成？
本次家长讲堂活动资料整理是否完整？活动结束后是否认真完成班级活动评价表和进行班级活动宣传？

表2-9 班级评价表（1）

班级家长讲堂评价表（学生）		
讲堂主题	活动时间	活动地点
你觉得本次家长讲堂活动的内容是否丰富？		□是　□一般　□否
你觉得本次家长讲堂活动的时间安排是否合理？		□太长　□适中　□太短
你觉得本次家长讲堂活动对你平时的学习或者生活是否有帮助？		□有　□一般　□没有
请你对本次家长讲堂活动进行总体评价。（1★最不好，5★最好）		☆☆☆☆☆
本次活动，你感到收获最大的是什么？或者令你印象最深刻的活动片段是什么？		
对于接下来即将开展的班级家长讲堂活动，你有什么好的建议或者内容选择吗？		
	评价人：_____	班级：_____

表2-10　班级评价表（2）

班级家长讲堂评价表（家长/讲堂志愿者）		
讲堂主题	活动时间	活动地点
您觉得本次家长讲堂活动的内容是否丰富？		□是　□一般　□否
孩子体验起来有没有难度？		□是　□一般　□否
您觉得本次家长讲堂活动对孩子今后的学习或者生活是否有帮助？		□是　□一般　□否
您觉得本次家长讲堂活动的时间安排是否合理？		□太长　□适中　□太短
本次活动中，班主任是否进行了一定的前期指导，并全程参与到活动中来？		□有　□一般　□没有
本次活动中，学校是否提供了一定校级资源，便于活动更好地开展？		□有　□一般　□没有
请您对本次家长讲堂活动进行总体评价。（1★最不好，5★最好）		☆☆☆☆☆
本次活动给予您最大的感受是什么？		
为了更好地开展接下来的班级家长讲堂活动，您是否有什么好的建议或者资源愿意提供？		

评价人：_____（家长）　　班级：_____

五、实践成效和反思

（一）实践成效

1. 满足学生社会性发展需求

家长讲堂营造了良好的班级生涯教育文化氛围，激发了学生对未来发展的无限期待，从而有利于学生了解并适应社会发展需求，树立积极的人生理想，根据自己的实际需要对未来可能要面对的问题提早进行积累和准备，进而促进学生的社会性发展。

2. 在教学相长中优化亲子共情联结

家长作为孩子的第一任老师和家班合作的有力同盟军，在亲自参与、陪伴中能够发现孩子的变化和成长，也能感受到孩子对于他们付出的肯定、感恩与欣赏。这种在彼此感知中产生的"共情能力"，利于学生潜能的开发和亲子关系的增进，也是解决青春期亲子矛盾的有效润滑剂。

3. 助力班级特色文化形成

班级家长讲堂不仅有助于构建家校间的长效合作机制，丰富了班级的生涯教育资源，而且对建设班级"特色文化"和相应的显性文化符号也产生了积极的影响。

(二) 反思改进

1. 改进讲堂分类不平衡、内容难易未分化的问题

本次讲堂实行"一班一精品"的开讲理念，在搜集"家长讲堂征询单"后再分类实施，所以会有开讲主题比例不均衡的现象。同样，讲堂内容也缺乏明确的年段难易度区分。在后续的活动中，可以通过加强顶层设计、细化年段目标、精分申报比例和区分讲堂难易等方式来加以改进。

2. 弥补职涯知识讲解少、活动结合不充分的不足

在进行涉及生涯启蒙的职业拓展时，目前只是让学生简单地了解可对应的专业和职业，有点到为止的感觉，专项拓展不够。此外，与其他德育活动的结合比较少。后续活动中，我们一方面将增加推送给学生学习的相关"职涯知识链"资源，另一方面促进讲堂与其他德育活动的结合，例如"时尚与艺术"类讲堂与影视教育或艺术节等结合，"工艺与制作"类讲堂与劳动教育活动相结合等，让生涯启蒙教育有前延，更有后续。

"一节讲堂，一个主题，一种专业，一类职业，一次体验，一回反馈，一轮宣传"，这样的生涯启蒙教育不仅点燃了学生心中的梦想，激发了学生逐梦的行动，让班级活动、班级文化获得新的发展，也体现了家校合作的宽度和深度。

问题研讨

本章所提及的几个国家和地区是生涯教育实施较为成熟的典型代表。通过概要了解这几个国家和地区的生涯教育，可以帮助我们以更全面、更宽广、更系统的眼光来认识、设计和实施生涯教育。以下，我们列举了一些问题，供大家在阅读和实践中进一步思考和研讨。

1. 请比较美、英、丹麦、日、韩各国的生涯教育，思考它们最主要的特点分别是什么。

2. 以上各国的生涯教育经验中，你认为哪些可以用于指导你所在学校（或班级）的小学生涯教育实践？为什么？

3. 除了本书中介绍的几个国家、地区和学校，你还对哪些国家、地区或者我国其他省市的生涯教育有了解？对此你如何评价？

4. 除了本书中所提到的，你认为他国的生涯教育对于我国的小学生涯教育还有哪些可借鉴之处？

5. 在借鉴和参考他国的生涯教育有益经验时，你认为我们要注意哪些要点？

第三章 教育探索
——基于体验活动的小学生涯课程建构

> 模块一

启·学涯

未来，一个听起来那样陌生而又那么遥远的词，引起了我们的深思。未来是什么模样？未来由谁决定？这是值得我们探究的问题。我认为答案只有一个：我的未来我做主。因为未来的事由未来的我去完成，可未来要做的事却由今天的我来决定，由我来主宰自己的命运，同时也由我掌握着自己的未来。"我的未来不是梦，我的心跟着希望在动。"未来其实并不陌生也不遥远，它就在我们的行动之中。

当我们勇敢而自豪地跨进梦寐以求的小学校门，从此我们就开始踏上漫漫人生新旅程的第一步。新旅程，有新风景、新气象，更有新追求、新目标。新旅程就是生命、生活、生涯的新起点。小学的主要任务就是学习，所以学生们确实应该好好学习，天天向上。可是学生的任务并不是简单的学习、考试、做作业，而是要创造性地去解决成长中遇到的各种问题，认识自我，认知社会，热爱生活，学会学习和生存。

1 高高兴兴上学去

"号外！号外！"百灵鸟带来了一个好消息：今天种子王国将举行一次盛大的艺术节，全体种子宝宝都将登台亮相，大显身手。国王发出了邀请书，受邀的除了森林里居住的小动物们，还有太阳、风儿和溪水。不仅如此，他还特地邀请我们全体小蜜蜂一起去参加，你们想去吗？赶快准备一下，整装出发吧！

> 一起听故事

种子王国的艺术节

"亲爱的朋友们,感谢大家来参加今天的艺术节活动!我代表种子王国的每位成员欢迎你们的到来!艺术节正式开幕!"种子国王穿着一身帅气的西服,站在舞台中央,笑容满面地宣布。

台下掌声雷动,大家都使劲鼓掌,一起预祝艺术节圆满成功。

这时,小蜜蜂们发现太阳、风、水、鸟、蚯蚓也被邀请来了。

蜜蜂们好奇地问:"咦,你们怎么也来参加艺术节啦?"

太阳回答说:"种子王国的艺术节可少不了我们呀!我们可是种子成长最最亲密的朋友呀!"

蜜蜂明白了,说道:"你们原来是种子最亲密的朋友呀!那你们怎样跟他们成为好朋友的呢?"

蚯蚓连忙说:"同学们,你们肯定知道我的本领吧!当种子在泥土里时,是我帮助它们松土,让他们早点发芽的呀!你们说我是不是他们最亲密的朋友呀?"

种子王国国王这时说话了:"对呀,对呀!他们确实是我们种子王国最亲密的朋友,下面就让我的臣民们自己来说一说吧!"

蒲公英种子率先发言:"我是小小蒲公英,妈妈为我准备了降落伞,只要风伯伯把我轻轻托起,我就飘向天空,飘呀,飘呀,到处旅游,玩累了,就落在地上休息,落到哪里,哪里就是我的家。"

小松鼠这时叫起来:"灰兔哥哥,不得了啦,你身上长出了什么呀?"

灰兔惊讶地说:"呀!我身上哪来的这么多怪物?"再看看小松鼠,"你身上怎么也有呢?"

小松鼠和小灰兔你看看我,我看看你,着急地说:"这可怎么办呢?"

苍耳种子哈哈大笑:"小兄弟们,你们不要怕,我们是苍耳的孩子,是你们的好朋友,请你们帮我个忙,我要离开妈妈,重新给自己安个新家。"小松鼠为难地说:"苍耳小弟弟,这个忙我可帮不了,因为我们在野外旅行不安全,你随时会遇到危险,难道你不害怕吗?"

苍耳解释说:"我不怕,因为我的妈妈早就给我们穿上了盔甲,上面还有刺。敌人不敢碰我们呢!再说,我粘在你们的皮毛上,无论你们走到哪里,我都不怕，无论是在田野、山岗，还是低谷地，我们都能安家。"

小灰兔、小松鼠恍然大悟："原来是这样呀！那好吧，你就和我们一起去旅行吧！"

（太阳公公上场，在太阳的照耀下，随着"噼啪噼啪"豆荚炸开的声音，从豆荚里跳出一个个小豌豆娃娃来，争着向太阳公公问好。）

太阳笑着说："小朋友们，你们喜欢我吗？我给大家带来了光明和无穷的温暖，你们看，豌豆妈妈可喜欢我了，我能帮助她的孩子安家，只要我用力一晒，豆荚炸开，豌豆宝宝们就蹦蹦跳跳地离开妈妈重新安家。"

豌豆们大声说："谢谢你，太阳公公，让我们有了新家，我们邀请你一起来唱首歌好吗？"

几只小鸟围着一棵石榴树做游戏，抢吃石榴，吃下了种子。

蜜蜂们忍不住惊叫："哎呀！石榴种子吃不得！如果这些石榴种子都被你们吃完了，今后怎么能有新的石榴树呢？"

石榴种子哈哈大笑："小朋友，不要紧张！我们石榴家族大多是靠鸟来传播种子的。"

蜜蜂们接着问："他们把你吃下肚子，你还怎么传播呢？这可真是个谜。"

小鸟说："小朋友，我来帮你揭开这个谜底吧！当我们吃下石榴种子后，石榴种子消化不了，我们飞到哪里，种子就会随粪便排出体外，落在地上，就可以生根发芽了。你们这下明白了吗？"

众蜜蜂听懂了："哦，原来是这么传播的呀！种子传播的办法还真多！"

种子王国国王最后说："小朋友们，这次艺术节即将结束，今天你们参加了我们的第一届艺术节，受益匪浅吧？刚才，你们看到了我们种子王国小种子的各种本领，他们把自己传播出去，再生根发芽。你们是人类的"种子"，在学校这个大花园里会学到哪些本领，好让自己长大后安家落户，过上快乐的生活呢？"

[活动乐园]

1. 小组内分角色表演童话短剧。

要求：

（1）自由认领角色，人人有角色。

（2）落落大方，声音响亮。

（3）表现出这个角色相应的心情、语气等特征。

2. 根据评价标准组内自评，伙伴互评，老师点评。

3. 我们来思考一下种子国王的问题，你能回答这个问题吗？

[课外拓展]

同学们，我们要像种子一样，离开爸爸妈妈之后还能够自己安家落户，快快乐乐地生活，这需要我们有很多的本领，要能够通过工作来换取我们生活所需要的粮食、衣物以及其他东西。现在我们在学校里学习本领就是在为今后做好充分的准备。对于这个亲切的校园、尊敬的老师、丰富的课程、有趣的活动，你都熟悉了吗？闯关游戏等着你！

闯 关 任 务	我 的 发 现
我认识了_____位老师	其中我最熟悉和喜欢的是_____老师，她/他是教_____学科的，她/他的特征是_____。 我还想进一步了解_____老师。
我去过_____处不同的地方	我去过_____，那里_____（功能）； 我去过_____，那里_____（功能）； 我还去过_____，那里_____（功能）； 我最喜欢的地方是_____，因为_____。
我上过_____门课程	我最喜欢的课程是_____，我的收获是_____。
我认识了_____个小伙伴	他们是_____，我是这样认识他们的：_____。
我参加了_____次有趣的活动	比如_____，这个活动给我留下的印象是_____。
我会分辨_____种不同的音乐指令	我来介绍一下它们不同的作用：_____。
我找到了小学生活与幼儿园的不同	不同之处有：_____。
我喜欢校园生活	和同桌一起演一个校园生活小片段，让其他同学们猜一猜是什么。

一起看电影

《没头脑和不高兴》是1962年上海美术电影制片厂制作的动画片。

片中有两个孩子，一个叫"没头脑"，一个叫"不高兴"。"没头脑"做起事来丢三落四，总要出些差错；"不高兴"总是别别扭扭，你请他往东，他偏要往西。这两个性格迥异的孩子却是一对好朋友。身边的人劝这两个孩子改掉坏脾气，他们总是不以为意，并且还幻想着快快长大，能够干点儿大事儿给大伙儿瞧瞧。这对活宝某一天真的长大了，又会发生怎样的事呢？

[活动乐园]

1. 你喜欢"没头脑"和"不高兴"这两个小伙伴吗？说说理由。

2. 重新回到儿童时代的他们俩，会有怎样不同的表现呢？一起来讨论讨论，试着把故事续编下去吧。

[课外拓展]

诚信是一个道德范畴，是公民的第二张"身份证"，是日常行为中的诚实和正式交流中的信用的统称，泛指待人处事真诚、老实、讲信用及一诺千金等。诚信不仅是一种美德，也是职业成功的秘诀。许多人就是依靠诚信取得了职业的成功和事业的辉煌成就。

为自己制定几个诚信小目标，并定好价格，例如：我保证今天不赖床（5元）；我保证今天在放学前完成作业（10元）；我保证上课认真听讲，一天中至少举手发言三次（10元）；我保证不和爷爷奶奶顶嘴，为他们做一些力所能及的小事（15元）……再制作一张"诚信存折"，把自己说到做到的事情的对应金额存进去，比一比，谁是诚信大富翁！

存折内页

存款日期	存款理由	存入金额	总计存款
2020.3.8	答应自觉完成作业，为妈妈捶背	5元	5元
2020.4.2	答应老师认真写字，坚持了一个月	20元	25元

· 结语 ·

　　你听说过"一年之计在于春，一日之计在于晨。一家之计在于和，一生之计在于勤"的说法吗？它告诉我们：一年的收成在于春天的种植，不然秋后就不可能有收获；一天的学习在于早晨的用功读书，只有这样才能学到自己应该掌握的知识；一家的生活过得好在于全家和睦；而一生的成绩在于辛勤的劳动和付出，这样才会有收获。让我们及早制订规划，并且去努力向着目标前进，现在就为自己绘制一幅未来的美好蓝图吧！

2　神神气气小学生

我的理想我的梦

蒲公英有自己的约定——纯朴，

找到赖以生存的故土，

为美好的生活而飞舞。

萤火虫有自己的愿望——光明突破无边的黑暗前行，

为闪亮的白昼而翱翔不停。

我们也有自己的目标——健康成长，

学习刻苦书声琅琅，

为人类的幸福而瞄准理想。

一起听故事

大科学家的回答

1978 年，75 位诺贝尔奖获得者在巴黎聚会。记者问当时 84 岁的诺贝尔物理学奖得主、前苏联科学家卡皮察："您是在哪所大学、哪个实验室学到了您认为最主要的东西呢？"

卡皮察耐心地回答："在幼儿园学到的。把自己的东西分一半给小伙伴们；不是自己的东西不要拿；东西要放整齐；吃饭前要洗手；做错了事情要表示歉意；午饭后要休息；要仔细观察周围的大自然。从根本上说，我学到的全部东西就是这些。"

这段对话是耐人寻味的。一个人在幼儿园学到的基础的东西，直到老年时还记忆犹新。这说明从小养成的良好习惯会伴随人的一生，时时处处都在起作用。正如著名教育家蒙台梭利所说："三岁决定一生。"

[活动乐园]

1. 同学们，你能将下面 7 幅图片与对应的文字用连线的方式连接起来吗？同时在括号里按照人的成长顺序填上号码。

（　　）婴儿生活
（　　）中学时期
（　　）小学时期
（　　）退休生活
（　　）工作
（　　）幼儿园时期
（　　）大学时期

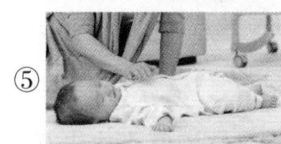

2. 时间这个东西，我们看不见，摸不着，但又确实存在。对于珍惜时间的人来说，人生每一个阶段都会带给自己成长与收获。而对于不珍惜时间的人来说，时间也会毫不留情地抛弃他们。小学阶段的起始年级，我们就应该养成珍惜时间、合理安排每日作息的良好习惯，成为时间的小主人。

我们来看看小胖同学暑假里的作息，你觉得他的作息合理吗？问题出在了哪里？一起帮他诊断一下吧！

小胖的一天

快乐的暑假开始了，咦？都九点了，怎么小胖还没起床？原来没有了上学的闹钟，他想睡到几点就睡到几点。奶奶实在看不下去了，终于在11点把他拖下了床，让他赶紧吃点东西，他说："马上都要吃午饭了，还吃什么早饭呀！我最讨厌吃早饭了！"

吃完午饭，他往沙发上一躺，看起了动画片。同学冬冬找他一起去游泳，他说，躺着多舒服，我可不想动。就这样，他在沙发上躺了一下午，一边吃着各种零食，一边津津有味地看着动画片，奶奶催了他几次让他做作业，他总是不耐烦地来一句："这不才刚刚放假吗？急什么！过几天再做！"

由于零食吃得太多，晚饭时，小胖只吃了两块红烧肉就不想吃了，碗里的蔬菜一点儿也没动。吃完晚饭，他拿起了平板电脑准备练习英语口语，却不自觉地打开了游戏软件，这一玩，不知不觉已经夜深了……

就这样日复一日，暑假转眼就过去了。开学后的小胖每天起床都很困难，体重增加了不少，视力下降了，作业是临开学匆匆忙忙补完的，质量可想而知，被老师狠狠批评了一顿，爸爸妈妈气得把他的玩具和平板电脑全部没收了。

那你觉得如何安排时间才能称得上是时间的小主人呢？请你来规划一下自己一周的作息吧！然后在组内互相交流一下。

[课外拓展]

小 桥 迷

茅以升是我国著名的桥梁专家、科学家，他一生为国家主持建造了很多座大桥。茅以升小的时候就是一个具有远大抱负的少年。他天性活泼，喜欢观察大自然，神秘莫测的世界使他的头脑里充满了问号。也许你会问：茅以升是怎样走上造桥这条道路的呢？这就得追溯到茅以升小的时候。

原来是一件意外的事,促使他确立了长大要造桥的志向。

那是1907年端午节,即茅以升11岁的时候,他的家乡举行了热闹非凡的龙舟比赛,秦淮河两岸和文德桥上人山人海,热闹非凡。不幸的是,河上的文德桥由于人多拥挤,年久失修的栏杆断了,加上桥面横板多处下塌,致使不少人掉进河里,还淹死了好多人。这一重大的塌桥事故给茅以升留下了极为深刻的印象,并使他懂得了桥梁的重要性。他暗下决心:"我长大了一定要学会造桥,为大家造最结实的桥!"

从此,茅以升对桥着了迷。他只要一遇到桥,便会恋恋不舍地在桥上走来走去,抚摸它的栏杆,久久不愿离去。他是个有心人,凡是看到桥,总要把桥面、桥墩的大体轮廓画下来;平时读到有关桥的句子或段落,都一一采摘、记载;看到桥的图画,也要细心剪贴下来。就这样,他寻觅着,搜集着,积累起一本本资料,为实现自己的理想奠定了坚实的基础。

茅以升求学态度严谨认真,而且非常勤奋。在学习期间,他每门功课都扎扎实实地打好基础。此外,他还抓紧时间学习外语,阅读外文书籍。五年里,他整理的笔记多达200多本,近900万字,堆起来足有两人多高!后来,凭着对桥梁的迷恋、追求和不懈的努力,小桥迷成了闻名中外的桥梁专家。

1. 你的理想是什么?将其涂上你喜欢的颜色。(说说你涂这个颜色的原因)

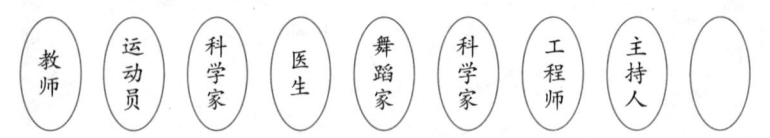

(教师) (运动员) (科学家) (医生) (舞蹈家) (科学家) (工程师) (主持人) (   )

2. 画一画你的理想,让同学猜一猜,注意体现这份职业的特点。

3. 我们在学校要学习许多课程,学好这些知识是今后成长的基础,每一门功课都非常重要,请把你喜欢学习的科目与未来有可能做的工作连线。

体育　音乐　美术　英语　数学　语文　自然

演员　翻译　工程师　画家　运动员　作家　医生

一起看电影

《摔跤吧!爸爸》这部影片根据印度摔跤手马哈维亚·辛格·珀尕的真实故事改编。马哈维亚·辛格·珀尕曾是印度国家摔跤冠军,因生活所迫放弃从事摔跤职业。他希望儿子可以帮他完成梦想——赢得世界级金牌,结果他生了四个女儿。本以为梦想就此破碎的辛格却意外发现女儿身上的惊人天赋,看到希望的他决定不能让女儿浪费她的天赋,像当时印度其他女孩一样只能洗衣做饭过一生。再三考虑之后,他与妻子约定花一年时间按照摔跤手的标准训练两个女儿:换掉裙子、剪掉了长发,让她们练习摔跤,并赢得一个又一个冠军,最终赢来了成为榜样激励千千万万女性的机会。

[活动乐园]

1. 坚持梦想从来不是一件容易的事,在追求梦想的过程中我们会遇到各种各样的困难,影片中哪些地方给你留下了深刻的印象呢?
2. 你觉得这个爸爸好不好?为什么?

[课外拓展]

祖师指各行各业的创始人。在我们的社会中有各种各样的职业,从业者对社会的发展做出了巨大的贡献。比如建筑业的祖师鲁班、纺织业祖师黄道婆、茶业祖师陆羽等。随着社会的不断发展,人类也有了新的发现和创造,催生了新的行业。

计算机之父——冯·诺依曼

冯·诺依曼（1903—1957年），原籍匈牙利，布达佩斯大学数学博士，20世纪最重要的数学家之一，现代计算机、博弈论、核武器和生化武器等领域的科学全才之一，被后人称为"计算机之父"和"博弈论之父"。他为计算机发展之路打通了一道道关卡，其为研制电子数字计算机提供的基础性方案对后来计算机的设计有决定性的影响，特别是确定计算机的结构，采用存储程序以及二进制编码等，至今仍为电子计算机设计者所遵循。

汽车之父——卡尔·本茨

卡尔·本茨（1844—1929年），德国著名的戴姆勒-奔驰汽车公司的创始人之一，现代汽车工业的先驱者之一，人称"汽车之父"。其不仅通过一生的奋斗成就了自己的辉煌事业，更为人类加快生活的脚步做出了杰出的贡献。

1886年，卡尔·本茨制造出世界上第一辆以汽油为动力的三轮汽车，于同年1月29日立案获得专利。因此1月29日被认为是世界汽车诞生日，1886年为世界汽车诞生年。该车装有卧置单缸二冲程汽油发动机，容积785毫升，0.89马力，每小时行驶15公里。该车前轮小，后轮大，发动机置于后桥上方，动力通过链和齿轮驱动后轮前进。该车已具备了现代汽车的一些基本特点，如电点火、水冷循环、钢管车架、钢板弹簧悬挂、后轮驱动、前轮转向和制动手把等，其齿轮齿条转向器是现代汽车转向器的鼻祖。

互联网之父——蒂姆·伯纳斯-李

蒂姆·伯纳斯-李（1955年—　）是英国计算机科学家。他是万维网的发明者，南安普顿大学与麻省理工学院教授。1990年12月25日，罗伯特·卡里奥在欧洲核子研究组织（CERN）和他一起成功通过因特网（Internet）实现了超文本传输协议（HTTP）代理与服务器的第一次通讯。

在2012年夏季奥林匹克运动会开幕典礼上，他获得了"万维网发明者"的美誉。伯纳斯-李本人也参与了开幕典礼，在一台NeXT计算机前工作。他在推特上发表消息说"这是给所有人的"，体育馆内的LCD光管随即显示出这行文字来。2017年，他因"发明万维网、第一个浏览器和使万维网得以扩展的基本协议和算法"而获得2016年度的图灵奖。构成万维网的各个组成部分都很简单，伯纳斯-李的功绩是将它们有效地组合在一起，使其发挥出最大的效用。他最大的贡献可能是无偿地将他的发明提供给全世界使用。

杂交水稻之父——袁隆平

袁隆平（1930—2021年），男，汉族，1930年9月生于北京，江西省九江市德安县人，中国杂交水稻育种专家，被誉为"世界杂交水稻之父"，首届国家最高科学技术奖得主。袁隆平曾说过："我在有生之年有两大愿望，第一个愿望就是要把超级杂交水稻培育成功，并且应用在生产上；第二个愿望就是把杂交水稻推向世界，造福全人类。"

半个多世纪以来，袁隆平致力于杂交水稻研究，不畏艰难，甘于奉献，呕心沥血，苦苦追求，发明"三系法"籼型杂交水稻，成功研究出"两系法"杂交水稻，创建了超级杂交稻技术体系，使我国杂交水稻研究始终居于世界领先水平。截至2017年，杂交水稻在我国已累计推广超90亿亩，共增产稻谷6 000多亿千克。他还多次赴印度、越南等国传授杂交水稻技术，以帮助当地解决粮食短缺和饥饿问题，为确保我国粮食安全和世界粮食供给作出了卓越贡献。

除了刚才介绍的人物，在传统行业和现代新兴行业中，还有许多优秀的创始人，如"中国航天、导弹之父"钱学森、"现代酒店业之父"凯撒·里兹、"中国新闻报纸之父"王韬、"世界电影之父"卢米埃尔兄弟等，找找他们的故事，挑选一位你最感兴趣的人物做成图文并茂的名片，在班级里交流一下这位"行业之父"或"行业之母"的故事吧！

· 结语 ·

我们每天高高兴兴来到学校，学校就是我们学习本领、锻炼能力的大舞台。我们要在学校里认真学习，成为一名神神气气的小学生。同时，我们也有自己的"家庭身份"和"社会身份"，因此，真诚待人，诚信处事，勤俭节约，积极适应社会生活，跟上时代的发展要求，才能成为更好的自己。

3 快快乐乐大家庭

同学们，我们每天都身处不同的环境，家庭和学校是我们主要的生活场所。在学校里，参与小岗位工作是快乐的；劳动技能得到提升是快乐的；在自己的岗位上做得好是快乐的；伙伴之间的团结协作更是快乐的。当然，在家里同样如此，我们通过在岗位上的奉献培养了责任心和感恩心，使家庭生活更加温暖融洽。而在社会中，也正是因为形形色色岗位上的人们在辛勤地付出，我们的生活才如此多姿多彩。

一起听故事

在生命的最后一刻

2020年4月11日下午4时许，贵州省瓮安县公交驾驶员胡奎，驾驶1路公交车行驶至茅坡社区路段时突感不适，他立刻掏出随身携带的哮喘喷雾喷往鼻腔。可是继续行驶一段路后，胡师傅发现身体不适的症状更加严重了，他当机立断，紧握方向盘，迅速靠边踩住刹车，将车子停好之后，他又引导乘客进行换乘。在安排好乘客换乘后，胡师傅才拨通了120和儿子的电话进行求援，随后晕倒在工作台上。

遗憾的是，当其儿子和120救护车赶到时，胡师傅已经失去生命迹象，经过20多分钟的抢救后，医生宣布他们已经尽力了，但未能挽救胡师傅的生命。经诊断，胡师傅因突发哮喘不幸离世。据胡师傅儿子介绍，胡师傅生前是一个勤奋的人，对家庭对工作都很负责任。公交车公司反馈，胡师傅在职时获得多项证书，工作十几年也没有出现过一次事故，每年都是安全驾驶员、优秀员工，在工作岗位上兢兢业业。

作为一名公交车司机，胡师傅尽到了自己的责任，保证了乘客的安全。在生命的最后一刻，他强忍身体不适沉着操作，把车子停好之后，还不忘疏散乘客并引导其换乘，在保证了全车人的生命安全后，这才通知自己儿子，让人尊敬，更让人忍不住泪目。这是职业精神，更是让人感动的大爱。

思考：你想对这个新闻故事里的驾驶员叔叔说些什么？他对待工作岗位的态度给你带来什么启发呢？

[活动乐园]

1. 丰富多彩的班级小岗位是我们大显身手的舞台，既锻炼了我们的劳动技能，又培养了我们的责任心。你们作为大家庭的小主人，在小岗位上用自己的双手把这个大家庭打理得整洁又温馨。

回到家里，我们既习惯了家人对我们的照顾与疼爱，也会用自己的实际行动表达对家人的感恩。作为家庭的一分子，我们同样在家庭小岗位上尽心尽力，履行着自己的责任。

请你回顾平时的岗位活动，完成这张表格，并让同伴、老师和家人为你的表现打分，写上个性化的评语吧！

班级小岗位		家庭小岗位	
岗位名称		岗位名称	
工作时间		工作时间	
工作内容		工作内容	
经验窍门		经验窍门	

续　表

班级小岗位		家庭小岗位	
成果展示（拍一拍）		成果展示（拍一拍）	
伙伴评价	☆☆☆☆☆	家人评价	☆☆☆☆☆
老师评语			

2. 我们在岗位活动中难免会遇到各种各样的问题，对我们的智慧和毅力都是考验。互相分享一下你曾经遇到的麻烦或困惑，我们一起来解决它！

我遇到的麻烦/困惑：_____。

我获得的帮助和启发：_____。

我的计划与调整：_____。

[课外拓展]

在我们的身边，有很多人们日常生活所离不开的职业。正是各行各业的人们立足于自己的岗位勤勤恳恳、任劳任怨，才让我们每天的生活舒适而温馨，社会也因此不断进步。

1. 请你调查一下家人的职业，完成这棵"家族树"。

家族树

2. 还有哪些职业与我们的生活密切相关？建议先从学校找找，再从家附近找找，互相分享一下你的发现！

（职业名）　　　（职业名）　　　（职业名）

一起看电影

《三个和尚》是根据中国民间谚语改编，由上海美术电影制片厂于1981年制作的动画短片。该片通过三个和尚没水喝、寺庙失火、三个和尚齐心协力救火直至后来三人合作吊水的情节，既批评了"三个和尚没水喝"这种社会上存在的落后思想，又提倡了"人心齐，泰山移"的社会新风尚。

[活动乐园]

游戏体验："三只小猪——造房子"

1. 游戏规则和程序。

第一步：学生自愿参加活动，五名学生为一组，共组合成三组。其余学生围一圈观看，并体会其中蕴含的道理。

第二步：发给第一组一条10米长的绳子，第二组一条9米长的绳子，第三组则为一条6米长的绳子。

第三步：用眼罩把三个小组所有同学的眼睛蒙上，宣布任务一。要求三组同学在两分钟内用绳子围出指定图形，即第一组同学围出一个正方形；第二组同学围成一个三角形；第三组同学围成一个圆形。到时间后，让大家摘下眼罩查看本组的杰作。

第四步：重新让大家戴上眼罩，宣布任务二。三个组的同学联合起来用绳子在5分钟内建立一个绳房子，房子的形状要由上述三个图形组成，并且一定要看上去比较漂亮。活动期间不允许说话，不管是否完成，时间一到，立即宣布停止，然后让大家摘下眼罩观看三个组共同的杰作。

第五步：宣布任务三。活动期间允许说话，其他条件同任务二，此时再建一个绳房子。

2. 游戏感受交流。

（1）在三个任务中，哪一个任务最难完成，为什么？

（2）在完成任务二的时候，大家会遇到什么困难？应该如何解决？

（3）场外同学在看到三个小组的同学遇到困难无法解决的时候，自己的感受是什么？

[课外拓展]

1. 一个篱笆三个桩，一个好汉三个帮。三个臭皮匠，赛过诸葛亮。学会沟通、学会协作，可以事半功倍。那在和别人沟通协作中，哪些方面最重要？给你认为最重要的选项涂上喜欢的颜色，说说你的理由。

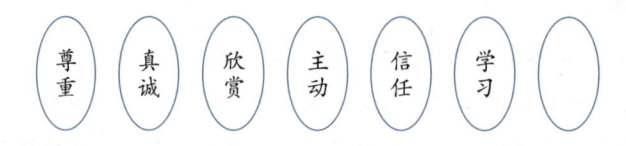

（尊重）（真诚）（欣赏）（主动）（信任）（学习）

2. 与人沟通时，你一定有过成功，也有过失败，请将你的成功经验写在笑脸里，把失败经历写在哭脸里，并与同学们互相分享。

一起谈收获

在启·学涯这一模块的学习中，你一定有很多收获吧？请你在下面的蜂巢中，写一写这一模块的学习体会，也可以请爸爸妈妈或老师、同学写一写一起学习、一起体验过程中的点滴感受。

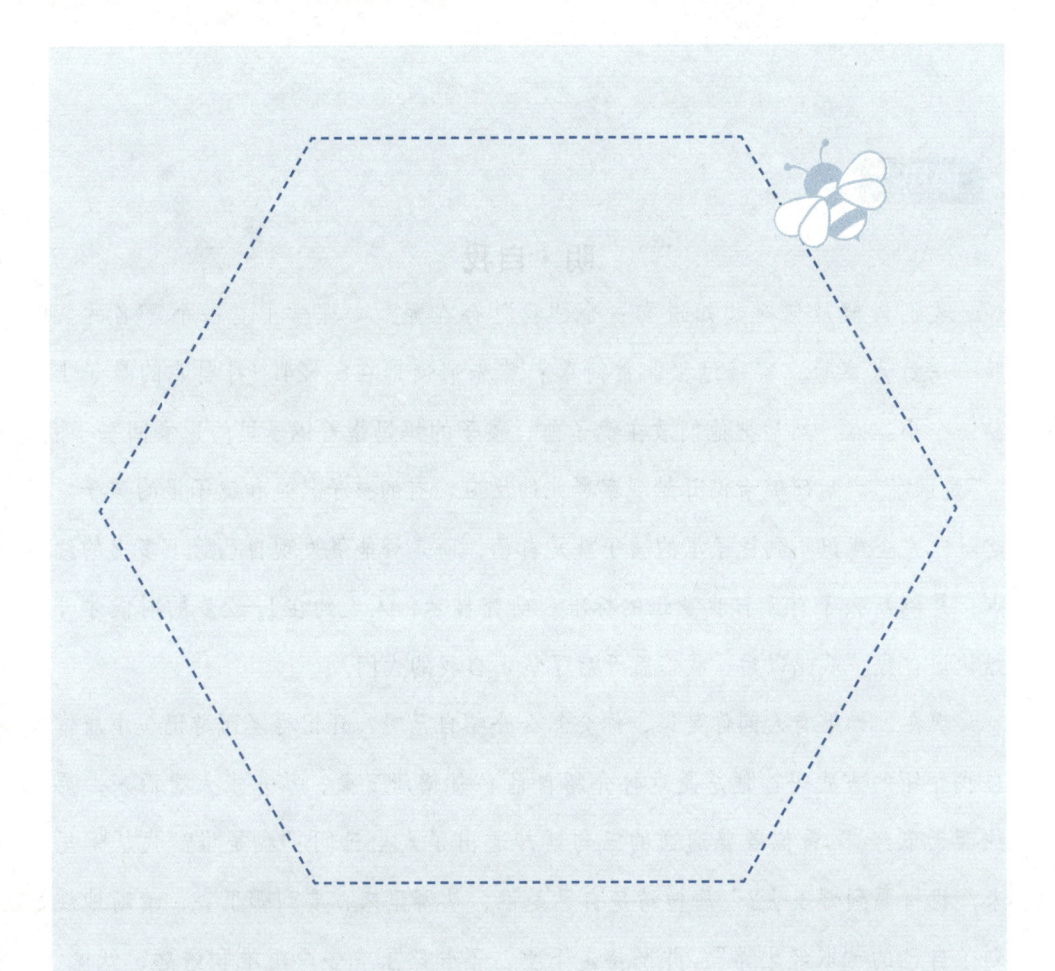

同学们，在这一模块的学习中，我们阅读了不少名人的故事，知道了他们的成功都离不开从小树立伟大的志向。他们一步一个脚印，根据自己的兴趣爱好，朝着理想踏踏实实地付出努力，才有了日后辉煌的成功，甚至推动了人类社会的进步与发展。

　　希望你也能在求学之初，找到自己的兴趣爱好、特长和不足，做时间的小主人，与好习惯为友，积极参与各种岗位劳动与实践活动，相信你的蜂巢里会有越来越多的收获。精彩继续，我们下个模块再见！

> 模块二

明·自我

我们大概从何时起知道有一个"我"存在呢?心理学上有一个著名的实验——红点实验。实验过程非常简单:首先悄悄地在6—24个月婴儿的鼻子上粘一个小红点,然后把他们放在镜子前。孩子的妈妈指着镜子里的影像问孩子:"那是谁?"之后研究者们开始观察婴儿的反应。有的孩子只是和镜子里的孩子一起玩,完全意识不到镜子里的孩子就是自己,而是否能够发现自己脸上多出的红点,是判断孩子有无自我意识的标准。研究显示,人大约在1—2岁的时候才开始认识自我。从此以后,我们就开启了认识自我的大门。

现在,如果有人问你是谁,你会怎么介绍自己呢?还记得《西游记》中唐僧自我介绍的方式吗?他总是这样介绍自己:"贫僧唐三藏,从东土大唐而来,要往西天取经。"看似普普通通的三句话却道出了人生三问:"我是谁?我从哪里来?我将要到哪里去?"唐僧清楚自己是谁、从哪里来、要到哪里去,清晰地规划了自己的"取经之路",并坚持走下去,不管路上有多少艰难和诱惑,妖魔、金钱、权力都没有动摇他西天取经的决心,最终他成功地实现了目标。因此,认识自我是人生的第一步,也是最重要的一步。

1 独一无二的我

小鱼丹尼即将长大,爸爸妈妈把幸福人生的智慧分享给他,并告诉他:"在这个大千世界里,你是独一无二的。"带着父母分享给他的智慧财富,小丹尼开始了自己的探索。

一起听故事

独一无二的你

"是时候了。"爸爸说。

"是的。"妈妈点点头。

"什么时候?"小丹尼问。

爸爸的嗓音温柔起来:"是分享智慧的时候了,你要学会:

每时每刻都准备好认识新朋友。

随时随地发现美,并用心记住那份美丽。

有时要融入集体,有时也要突出自己。

寻找自己的路,没必要总跟着别人走。

学会何时表达自己,何时安静聆听。

无论你已经知道多少,总是还有更多未知值得你去探索。

如果你走错了方向,那么请转身回来。

如果有东西挡住了你的去路,那么请绕过它。

每天都给自己一点安静的时间去放松和反思。

学会欣赏艺术,美其实无处不在。

仰望星空,许下愿望。"

"孩子,谢谢你的聆听。"妈妈说,"我们希望你都能记在心里。"

爸爸挤了挤眼,轻声说:"我们知道全记下来有点多。"

丹尼向后翻了筋斗,俏皮地冲他们微笑。马上就要带着刚学到的东西去闯世界了,他很兴奋。"等等我!"他冲他的朋友们喊道。

就在丹尼要游走的时候,他转身对父母说:"我会记住的。"

妈妈在他的额头上亲了一下,说:"在这个世界上,你是独一无二的。"

[活动乐园]

1. 动手做一做。

要求:

(1)剪出自己喜欢的形状,用来代表独一无二的自己。

(2)给该形状涂上你喜欢的颜色。

(3)说一说该形状和颜色的意义。

2.在剪出的形状上写下自己的优缺点。

3.分享自己的优缺点,学习接纳并欣赏独一无二的自己。

[课外拓展]

1.我的名字。

每个人都有自己的名字,每个人的名字都是长辈深思熟虑、精心考量的结果,承载着长辈对子女幸福、安康、前程腾达的殷切期望。因此,每个人的名字背后都有其特殊内涵和意义。你知道你名字的来历吗?请与你的老师和小伙伴分享你名字的来历,取名或改名的过程、原因,以及背后有趣的故事。

我的名字	名字背后的故事	制作我的名牌

2.画出能代表自己的小怪兽。

(1)了解乔哈里窗模型。

乔哈里窗

	你知道	你不知道
别人知道	开发 你知道并且 别人也知道	盲点 你不知道, 但别人知道
别人不知道	隐藏 你知道, 别人不知道	未知 你和别人 都不知道

（2）先画一个身体（用到下面这些图形）。

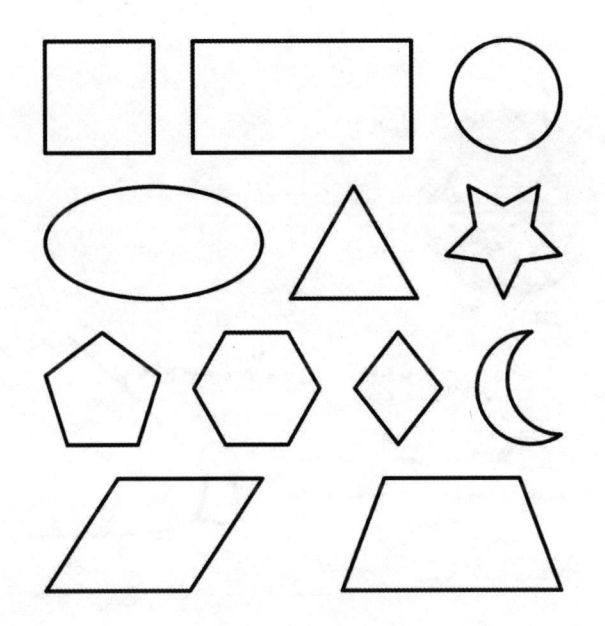

（3）添加元素：配饰（写出元素背后的含义）。

（4）画出代表自己的小怪兽（以下为示意图）。

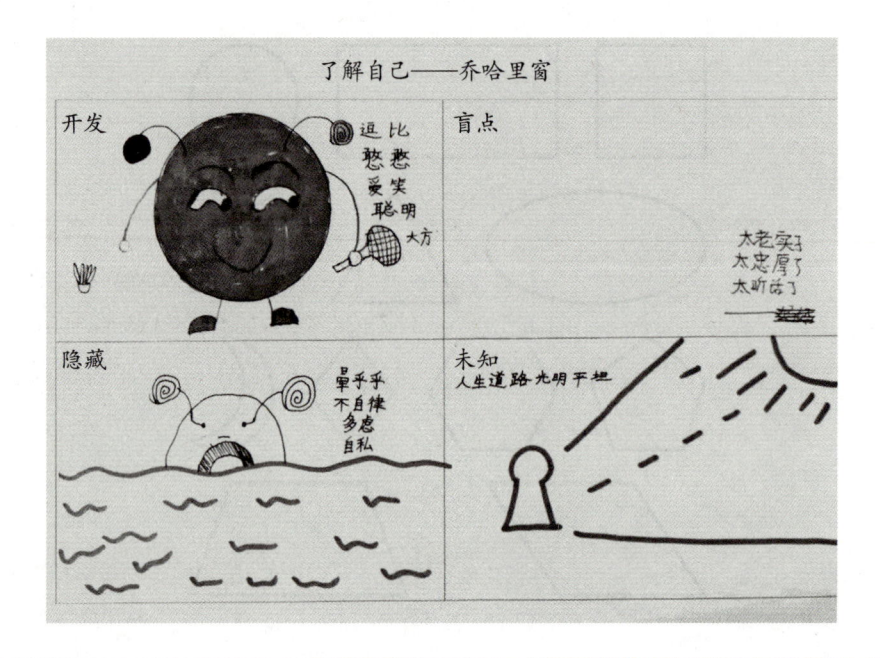

了解自己——乔哈里窗

开发	盲点
逗比 憨憨 爱笑 聪明 大方	太老实 太忠厚 太听话
隐藏	未知
单纯 不自律 多虑 自私	人生道路光明平坦

一起看电影

电影《奇迹男孩》是由美国狮门影业出品的家庭剧情片，讲述了一位有面部残疾的小男孩如何进入普通学校，并重拾自信、积极面对生活的励志故事。

天生有面部缺陷的小男孩奥吉，从小由母亲在家里教导读书，五年级时，他终于有机会进入一所普通学校学习。初进学校的奥吉因为自己的长相受到同学们的嘲笑和欺负，但是在父亲、母亲、姐姐、老师以及好友的帮助下，他最终找到了自信，并用自己的行动改变了其他人的看法。

[活动乐园]

1. 影片中的小男孩奥吉从充满自卑到后来重拾自信，这一过程中的哪些地方给你留下了深刻的印象？他的身上有哪些值得我们学习的地方？

2. 游戏体验：大风吹。

抽出一个凳子，请一位同学到讲台前，游戏规则如下：

这位同学和大家说"大风吹"，其余同学喊"吹什么"，然后这位同学"吹"一个特征，那么符合这个特征的同学必须找一个新的位置，仍然待在自己的位置上或者没有找到位置的同学站在讲台上继续下一轮的游戏。

吹戴眼镜的人……

吹喜欢画画的人……

吹十月份出生的人……

3. 优点大"轰炸"。

（1）每个学生画一片树叶，并且给自己画的树叶取一个名字。世界上没有两片相同的叶子，我们人也一样，每个人都有自己的特点，也都有自己的优缺点。

（2）自己眼中的我：你们知道自己的优点吗？让我们各自来找一找自己的优点，写在树叶的旁边。

（3）在每个小组前面画一个圆圈，同学们依次站到圆圈里，接受小组其他同学的优点"轰炸"。

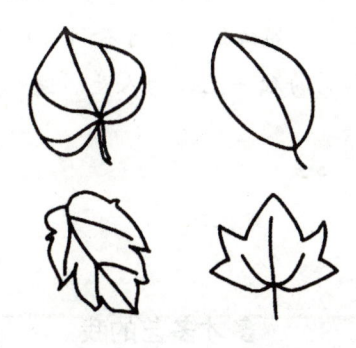

[课外拓展]

1. 猜谜语。

2. 美丽的指纹画。
（1）在规定的时间内完成一幅指纹画。
（2）组内全体成员参与，共同完成一幅画。
（3）完成之后派一名同学张贴在黑板上。

· 结语 ·

　　大地将万千恩宠给予不同的生灵。它给予馥郁的丁香花令人沉醉的魅力，它给予优雅的朝颜花变化色彩的能力，它给予浓烈的蔷薇花恣意与放纵。当它问起我："你又想要哪一种呢？"我只能高声回答："我只要独一无二！"或许这大千世界有与我名字相同、长相相同的人，但我就是我，独一无二，不可替代。我有独特的名字，我有多样的性格，我有属于自己的优缺点。在时间的漫漫长河里，每一颗星都是那么微小又那么强大，何不利用自己的独一无二去跑，去跳，去尽情翱翔，活出一个漂亮的独一无二的人生。这样，才不负我们独一无二的灵魂。

2　多才多艺的我

　　爱因斯坦说过："兴趣是最好的老师。"我国著名的心理学家林崇德说过："天才的秘密在于强烈的兴趣与爱好。"兴趣是打开成功之门的钥匙。心理学研究表明：如果一个人做自己感兴趣的事情，可以发挥智力潜能的80%以上，而做不感兴趣的事情则只能发挥智力潜能的20%左右。提到兴趣爱好，有同学会说"我对语文感兴趣""我对体育感兴趣""我喜欢搭乐高""我喜欢唱歌"，也有同学会说"我对英语不感兴趣""我不喜欢跑步"。当对一件事情感兴趣时，我们会全身心地投入到这件事情中并感到快乐和幸福。

一起听故事

特殊的考题

在美国一所中学的入学考试中，有这样一道题：有位成功的企业家，他的办公桌上有5只带锁并贴有标签的抽屉，它们分别是财富、兴趣、幸福、荣誉、成功。可是企业家一直只随身携带其中的一把钥匙，其他的钥匙都锁在抽屉中，那么请问，其中哪一把钥匙是他随身携带的？剩下的4把钥匙锁在哪一只或哪几只抽屉里？

一位学生看到这个题目后感到不知所措，因为他实在弄不清楚这道题到底是一道英文题还是一道数学题。等到考试结束后，他去请教该校的一名理事，理事对他说，那是一道智能测试题，书本上没有这样的内容，也没有标准答案，每个学生可以按照自己的想法随意作答，老师有权按照他自己的观点评判分数。

据说有一位聪明的同学登录了这所中学的网站，他在网站上发现了那位企业家给该校的回函。函件上写着这么一句话：在你最感兴趣的事物上，隐藏着你人生的秘密。

心理学家所做的一项归纳研究，也验证了这一观点。他们找了20个刚大学毕业并决定从事自己喜欢的工作的人；同时也找了与前者有同样学历和年龄，但决定先投身热门行业，等赚到钱后再做自己喜欢的事情的20个人。20年后，心理学家在两个对照组中发现，做自己喜欢的工作的20个人中，有18个实现了自己的理想，而另一组只有一个实现了理想。

在这个世界上，每个人都在追求着成功、幸福、荣誉和财富，当你必须做出唯一选择的时候，你会发觉，自己的兴趣往往比名利、地位更重要。

我们只要稍微留心一下就会发现，几乎所有成功者的身上都有一个共同的特点，那就是，他们都是在自己熟悉并擅长的领域做着自己喜欢的事情。换言之，一个人如果能够在自己最擅长的领域中做自己最喜欢的工作，那么他成功的概率将会大大提高。

统计数据显示，仅有30%左右的人能清楚地认识自己，在自己最擅长的领域中发展，将自己的命运掌握在自己的手中，因此，他们把自己的优势最大限度地发挥了出来，也理所当然地获得了应有的成绩。与此相反，有70%左右的人由于对自己没有清晰的认识，不知道自己的特长是什么，总是被动地在自己不擅长的行业中做着不一定擅长的事,这些人当然也就很难发挥自己的潜力,很难成就大事。

总之,任何一个人,只要能够听从心灵的召唤,积极主动地选择工作,坚持做自己最喜欢的事情,终会获得最大限度的成功;而被动地做自己不喜欢的事情,即使是身处热门行业,也很难有所作为。

[活动乐园]

1. 兴趣星空图。

每个人的兴趣爱好各有不同,我们有各自喜欢做的事情,参加过各种各样的兴趣班。你在业余时间都在做些什么呢?你有哪些兴趣爱好呢?请将你所有的兴趣写在星星上吧!

小组分享：
（1）展示你的兴趣星空图。
（2）讲述有关你和你的兴趣的故事：
_____
_____
_____。

2. 兴趣菜单。

我的兴趣爱好	
兴趣爱好给我带来的快乐	
我在兴趣爱好上投入的时间	
父母的支持程度	
我的兴趣爱好和未来的联系	

3. 兴趣待成长。

怎样培养和发展自己的兴趣爱好呢？请和你的小伙伴、老师和爸爸妈妈一起分享，看看你有何新的方法和发现呢？

妙招能手	想培养的兴趣：_____
自　己	
同　学	
老　师	
父　母	

[课外拓展]

1. 如果将兴趣加以培养，它就会成为你的特长、你的才艺。现在就请同学们尽情地展示自己的才艺吧。

2. 如何将兴趣变成才艺？请才艺展示的小朋友分享自己获得的成就以及背后付出的努力。

> 一起看电影

科技人生系列片《功勋》为我们讲述了一群为新中国科技发展做出杰出贡献的科学家，孙家栋就是他们中的一位。孙家栋是我国航天科技事业的开拓者与奠基人之一，见证了中国航天从无到有、从小到大、从弱到强。伴随着我国航天事业50余年的发展历程，热爱航天事业的他，怀揣着不怕难、肯钻研的精神，开创了中国卫星事业新篇章，开启了空间事业新纪元，至今传奇仍在继续。尽管已是高龄，他仍奔波在航天工程和人才培养的第一线。

[活动乐园]

1."兴趣是最好的老师"，但是将兴趣变成自己的能力，甚至是事业，就需要付出很多的努力，影片中哪些地方给你留下了深刻的印象呢？

2.结合科学家孙家栋先生的事迹，你认为要将兴趣变成为之奋斗的事业，需要做些什么？

[课外拓展]

1910年，华罗庚出生在江苏省的一个小县城——金坛。他小时候，家中清贫，父亲在小镇上开了个小杂货铺，代人收购蚕丝，一家人过着半饥不饱的生活。华罗庚上初中时对数学产生了浓厚的兴趣，他的老师王维克很器重这个聪明机灵的少年，常常单独辅导他，给他出一些难题做，这使得华罗庚受益匪浅。华罗庚在金坛中学念完初中后，因家里无力再供他上学，只得辍学到父亲的小杂货店帮助料理店务。可这位酷爱数学的年轻人，人虽然守在柜台前，但心里经常琢磨着数学。王维克老师借给他几本数学材料：一本大代数，一本解析几何，一本微积分。华罗庚便跟着这几位不会说话的"老师"步入了高等数学的大门。华罗庚18岁那年，在王维克老师的帮助下，到金坛中学当了一名会计，兼管学校事务工作。他曾回忆当时艰难的生活："除了学校里繁重的事务外，早晚还要帮助料理小店的事务。每天晚上大约8点钟才能回家。清理好小店的事务之后，我才能钻研数学，常常到深夜。"19岁那年，他发觉一位大学教授的论文写错了，便把自己的看法写成了一篇文章，题目是《苏家驹之代数的五次方程式解法不能成立之理由》，于次年发表在上海的《科学》杂志上，轰动了整个数学界。同年，清华大学数学系主任熊庆来了解到华罗庚的自学经历和数学才华后，打破常规，让华罗庚进入清华大学图书馆担任馆员。1931年，华罗庚进入清华大学数学系担任助理，在此期间他自学了英语、法语、德文、日文，在国内外杂志上发表了多篇论文。

　　各行各业的精英之所以能在自己的行业里出彩，一定离不开自身对该行业的浓厚兴趣。但是光有兴趣是远远不够的，一个人把兴趣变成闪闪发光的职业，需要付出很多努力！找一找你身边闪闪发光的职业人，讲一讲他们的故事吧！

·结语·

　　兴趣可以成就人的一生！因为有了兴趣才会有动力，兴趣能催人上进，有兴趣才能创造成功。所以兴趣决定成败这一说法一点也不夸张。著名书法家王羲之自幼对书法感兴趣，练习书法很刻苦，甚至连吃饭和走路都不放过。而杰出的企业家也往往是在兴趣的指引下走向成功的。兴趣造就了这些不同时代、不同职业的人。让兴趣为自己指引方向，我相信同学们一定会在它的指引下走向成功的！

3　潜能无限的我

　　青春是一个人怀揣梦想的阶段，年少时的我们，可能会因为对英语的喜欢而梦想成为外交家，也可能因为对历史的喜欢而想报考考古系。可是随着年龄的不断增长，我们的自信心没有增强，反而在不断地减弱。随着学生年级的升高，课堂上经常会出现这样一些现象：老师提出问题后，学生们鲜少举手发言；教室里站起来发言的学生不但极少，发言的声音也极小，别人很难听清；指名上台表演，学生们更是互相谦让；和同伴一起表演时，总是喜欢退到后面，动作不大方。这些现象告诉我们，胆怯、害羞、不敢尝试等表现的背后，其实是缺乏自信。

> **一起听故事**
>
> 尼克·胡哲的故事
>
> 　　1982 年，尼克·胡哲出生于澳大利亚墨尔本。他天生没有四肢，只有左侧臀部以下的位置有一个带着两个脚指头的小"脚"，他戏称其为"小鸡腿"。尽管身体残疾，但父母没有放弃对他的教育。胡哲的父亲是一名工程师，母亲是一名护士。在他六岁时，父亲教他如何用身体仅有的"小鸡腿"打字。而母亲则为他特制了一个塑料装置，好让他学会"握笔"写字。八岁时，胡哲的父母把他送入小学。因身体残疾，胡哲饱受同学的嘲笑和欺辱。10 岁时，他曾试图在家中的浴缸里溺死自己，但没能成功。在胡哲 19 岁的时候，他打电话给学校，推销自己的演讲。被拒绝 52 次之后，他获得了一个 5 分钟的演讲机会和 50 美元的薪水，开始了演讲生涯。2008—2009 年间，胡哲两次来到中国高校进行演讲。2010 年，他的自传《人生不设限》出版。2013 年，他开启东南亚巡回演讲。2014 年，他撰写了《坚强站立：你能战胜欺凌》一书。2015 年，胡哲撰写了《爱情不设限》一书。
>
> 　　思考：胡哲的故事最感动你的是什么？胡哲是怎么做到让自己的人生不设限的？
>
> [活动乐园]
>
> 1. 白纸黑点。
>
> 　　请用黑点代表你目前对自己不满意的地方，黑点的大小和多少自定，尽量让每个黑点都有它代表的含义。

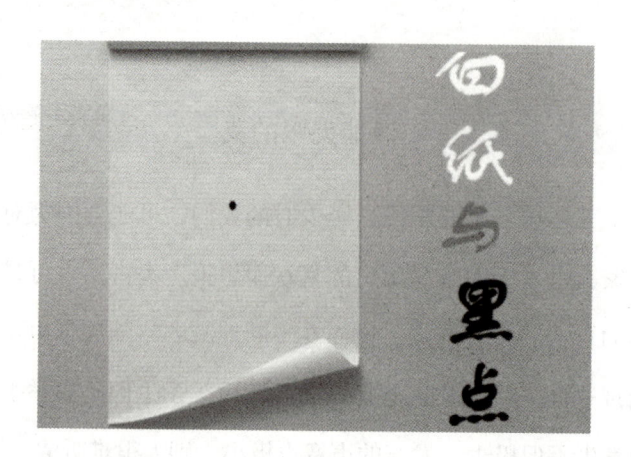

白纸与黑点

2.黑点变亮点。

请用你的方式,将白纸上的黑点变成你想要的样子。

(1)想一想,看到白纸上的黑点你的感受是什么;

(2)在白纸上画出你改变的内容;

(3)说一说,改变之后你的感受发生了什么变化。

[课外拓展]

1.一分钟拍手。

在活动之前首先想一想,自己在一分钟能拍几次手,并且把自己想的数字写在黑板或者纸上。从计时开始,同学们尽全力去拍手,看自己能在一分钟内拍几次。时间结束后,记录自己现实中拍手的次数,看一看自己的潜力有多大。

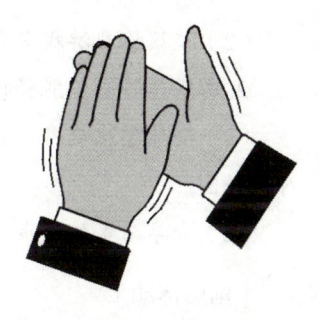

2.挑战记忆力。

请同学们用5秒钟的时间观察图片,5秒钟后,将图片移走,请大家说出图片中有哪些物体,看谁说得多而准。

[一起看电影]

《阿甘正传》是由罗伯特·泽米吉斯执导的电影，该电影改编自美国作家温斯顿·格卢姆于1986年出版的同名小说，描绘了先天智障的小镇男孩福瑞斯特·甘自强不息，最终"傻人有傻福"，得到上天眷顾，在多个领域创造奇迹的励志故事。

[活动乐园]

1. 口足书法家。

（1）请同学们在不用双手的情况下，在白纸上写出自己的名字。

（2）谈谈你在游戏中有什么样的体验和感受？

2. 游戏体验：你能坚持多久？

（1）全体学生起身离开座位，身体下蹲，低头，双手交叉摸住耳朵，闭眼在原地转圈。

（2）分享名人的故事，如：杨利伟叔叔每天训练，要在体验舱中转3 000圈。

[拓展活动]

一天夜里，一个工人下夜班回家，经过一片坟地时"扑通"一下掉到一个洞穴里。工人可不想待在这，他奋力向外爬，一下、两下、三下……可是洞穴太深，他累得气喘吁吁，仍然无济于事。最后，他决定休息一下。这时，一个醉汉摇摇晃晃经过，"扑通"也掉到了洞穴里，天太黑，醉汉没有看到工人，奋力向上爬着，可怎么也上不去。工人不忍心看他白费劲，走过去拍了下他的肩膀，谁知那醉汉尖叫一声："鬼呀！"然后嗖地一下就从坑里蹿了出去。

思考：为什么醉汉被拍肩膀后，能够嗖地一下蹿出去呢？

1. 认识潜能分类。

我们已经知道自己的潜能是巨大的，那我们拥有哪些潜能呢？世界著名发展心理学家加德纳研究出人至少有七种智能。现在要考一考大家，猜猜这七种智能具体包含哪些内容？

身体运动智能	
空间智能	
数理逻辑智能	
自我认识智能	
音乐智能	

续　表

人际交往智能	
语言智能	

2. 一杯水的实验。

该实验的道具是：烧杯、矿泉水、曲别针。现在老师把水倒满烧杯，大家觉得里面还能放曲别针吗？你认为能放多少曲别针呢？

3. 哈德飞实验（积极暗示法）。

实验器材：握力器。

实验过程：英国心理学家哈德飞请了三个人，要求他们在不同情况下尽全力抓紧握力器。第一次实验，他们平均握力是45千克；第二次实验，哈德飞反复告诉他们："你们非常虚弱。"实验结果显示，他们的握力只有13千克，还不到他们正常力量的1/3。然而哈德飞又让这些人做第三次实验，反复说："你们非常强壮。"结果他们的力量几乎增加了50%，达到了67千克。

4. 我的潜能开发计划。

（1）我最想开发＿＿＿＿＿＿＿＿＿＿＿＿＿＿＿＿＿＿＿＿＿＿＿＿＿潜能。

（2）我的具体行动＿＿＿＿＿＿＿＿＿＿＿＿＿＿＿＿＿＿＿＿＿＿＿＿＿＿。

提示：策略制定要现实、具体、数量化。

结语

　　沙特阿拉伯塔伊夫城有一个25岁的漂亮姑娘，不知什么原因"哑"了20年，经多方医治无果。有一天，媒人领着一个大她25岁的长得很丑的老头子来相亲，见面之后，姑娘的父亲私自做主，逼着姑娘嫁给他。姑娘急了，竟讲出了20年来的第一句话："我宁死也不嫁给他！"这似乎是偶然事件，但偶然中孕育着必然。现代医学和心理学认为，由于各种复杂的内部和外部原因，人的大脑机能存在一种抑制现象，使得人们长期难以觉察自己的能力。在意想不到的强烈刺激下，这种抑制会被解除，蕴藏在人体内的潜能就会突然爆发出来，产生一种神奇的力量。科学家指出，人的能力有大部分处于休眠状态，没有得到开发。如果我们能多挖掘一些潜能，那将会创造出一道亮丽的人生风景线。

一起谈收获

在"明·自我"这一模块的学习中,你一定有很多收获吧?请你在下面的蜂巢中,写一写这一模块的学习体会,也可以请爸爸妈妈或老师、同学写一写一起学习、一起体验过程中的点滴感受。

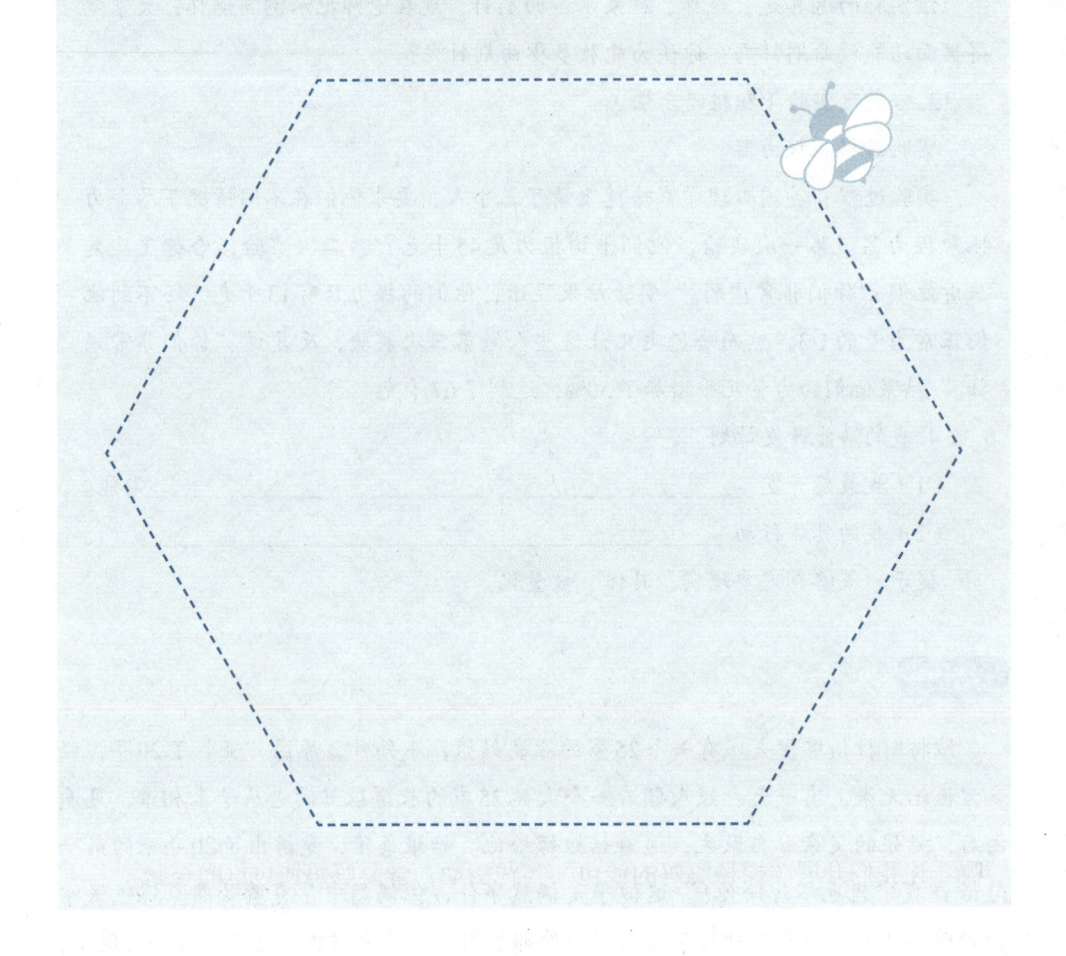

模块三

展·身手

生活在当今社会里，每个人都必须经历从依赖他人发展到独立生活的漫长过程，这就需要我们在学习和实践中获取相关能力。

家庭是人生中第一所学校，家长是孩子的第一任老师。在家庭生活中，每个人都要明确各自的角色。同学们在享受父母的关心和照顾的同时，也要承担起自己的义务，比如：孝亲敬老、尊重他人的劳动成果、勤俭节约、分担力所能及的家务等。

本单元主题是"展·身手"。让我们在温暖的小家庭中用心观察家人，也在家庭生活中一展身手，做家庭的小主人。

1 探秘妈妈的钱包

对于职业的认知，首先来自父母。和父母对话，了解爸爸妈妈的工资、家庭收支情况、交税数额、当下物价情况等，将职业放入家庭、社会的真实情境下，可以体会到职业发展对家庭生活水平和社会运行的作用。

很多家庭是由妈妈管理家庭开支的。妈妈是如何做到勤俭持家，合理规划的呢？让我们开展"探秘妈妈的钱包"实践活动，管窥妈妈钱包里的秘密。

一起听故事

母亲有五个钱包

杰克一直觉得，在所有的兄弟姐妹中，自己是最不受父母喜欢的那一个。毕竟，从小到大他给父母惹了不少麻烦，母亲甚至很多次皱起眉头无奈地说："哦，杰克，你实在让我头疼。"

杰克表面上无所谓地笑着,心里却有些难过。像所有孩子那样,他希望自己成为母亲最喜欢的那一个。直到10岁的一天,杰克翻看母亲的钱包——母亲从来不会让她的钱包离开自己视线,但这次她估计太累了,随手把钱包放在了桌上。杰克原本想偷偷从钱包里拿走一些钱,买他心仪已久的玩具,但意外发现母亲钱包里有一张照片,照片上是自己开心的笑脸。是的,只有他一个人,没有其他兄弟姐妹。

看到照片的那一刻,杰克差点流出眼泪。他从没想到,自己在母亲心里竟然如此重要。母亲把他的照片放在钱包里,天天都带在身边!母亲曾对他们说过,每天干活累的时候,她就打开钱包,看到里面的照片,就会很开心,浑身充满力量。

原来,母亲每次看到的都是我!杰克想象着母亲打开钱包时的样子,开心地笑起来。他暗暗告诉自己:一定要努力,不能让母亲失望。同时,杰克又想,千万不能让他的兄妹知道这件事,否则他们一定很伤心。

杰克小心翼翼地保守着这个秘密,并开始努力改掉自己的坏毛病。他每天按时起床,按时去学校上课,认真完成作业后,还会抢着帮母亲干活,给花园里的植物浇水,修剪门前的草坪……也许是杰克的改变带动了大家,杰克的兄弟姐妹也都变得懂事起来。他们的改变让母亲轻松了很多,当然,更重要的是,长大后的他们都实现了自己的梦想。

母亲晚年时,杰克和兄弟姐妹聚在一起,为母亲庆祝80岁生日。母亲很开心,说要送给他们每个人一件礼物。像小时候一样,杰克兴奋地拆开礼物盒,里面是一个旧钱包——他们兄弟姐妹收到的礼物一模一样,唯一不同的是,钱包里面的照片是每个人自己。

这不是母亲的钱包吗?是的,他们都想起来了,这是母亲年轻时每天都带在身边的钱包。可是,怎么一下子变成了五个?或者说,一直以来都是五个?看着他们不解的目光,母亲笑着说:"没错,我有五个相同的钱包,里面分别放了你们兄妹五人的照片。我是想告诉你们,我爱你们每一个人。你们每个人得到的并不是1/5的爱,而是完整的、全部的爱,因为你们对我来说,都是独一无二的宝贝。"

杰克和他的兄弟姐妹都流下了泪水。他们知道,这么多年来,在母亲心里,他们都占据了最重要的位置。

(本文作者为张君燕,选自《甘南日报》,2020年9月1日。)

[课堂活动]

探秘妈妈的钱包

曾经妈妈的钱包"鼓"起来了,钱包内有各种卡,如银行卡、充值卡、购物卡等。这些卡是妈妈辛苦工作创造的财富。

现在妈妈的钱包"瘪"掉了,难道是收入低了?

让我们一起来探秘妈妈的钱包吧!

任务单:妈妈的钱包"鼓起来了"

探 究 问 题	探 究 方 式
妈妈的工作是什么?每月的收入是多少?	访一访,填一填: 妈妈的工作_____ 每月的收入_____ 家庭其他收入_____
钱包里面有什么?	看一看,选一选: 人民币( ) 储值卡( ) 优惠券( ) 会员卡( ) 公用事业账单( ) 其他_____
各类电子货币的用途是什么?	访一访,写一写: 请选择一种电子货币:_____,了解它的用途:_____。
公用事业账单有哪些奥秘?	算一算,访一访: 认识水费单、燃气费单、电费单、电话费单等。 了解自己家一个月的支出。 了解公用事业账单付费的方式。
(自己设计一个探究问题)	(自己设计探究方式)

[课后活动]

仿照上面的任务单,请你设计一个关于妈妈的钱包"瘪掉了"的探究任务单。经过探究活动,你一定能够发现"鼓起来"与"瘪掉了"的原因。

一起看电影

《何以为家》（导演：娜丁·拉巴基）是2018年黎巴嫩、法国、美国共同制作的剧情片，故事讲的是，在黎巴嫩一个小城镇里的法庭上，12岁的男孩扎因因为持刀伤人被判入狱。不过在律师的支持下，扎因起诉自己的父母，因为父母不能为他提供保护和安全感。

扎因的父母很穷，负担不起抚养孩子们的费用，这个家里也并没有洋溢着其乐融融的温馨氛围，因为他们对待自己的孩子的方式只有非打即骂、漠不关心。扎因是家里的长子，为了养活自己和兄弟姐妹不得不整日辛苦奔波。在家里穷的情况下，父母仍然养很多孩子，因此扎因控告了自己的父母，他希望所有不能好好照顾自己的孩子的父母都不能拥有孩子。

[课堂活动]

我给扎因写封信

活动目标：

1. 观看电影《何以为家》，懂得不管身处什么环境，一方面要主动适应变化，另一方面要学会用合理的方式保护自己。

2. 学习《中华人民共和国未成年人保护法》，选择其中的一点，给影片中的男孩扎因写一封信。

3. 感悟亲情的温暖，个人在成长过程中离不开父母的关爱，应体会父母的艰辛。

活动过程：

1. 组织观看影片《何以为家》。

2. 在老师的指导下，有选择地学习《中华人民共和国未成年人保护法》，聚焦某一条，就此给扎因写一封信。

3. 和爸爸妈妈分享影片，口述影片中某个感人的镜头。

[课后活动]

家是什么

在美国洛杉矶，有一个醉汉躺在街头，警察把他扶起来，一看是当地的一位富翁。警察要送他回家时，富翁说："家？我没有家。"警察指着远处的别墅说："那是什么？""那是我的房子。"富翁说。

在我们这个世界，许多人都认为，家是一间房子或一个庭院。然而，当你或你的亲人一旦从那里搬走，一旦那里失去了温馨和亲情，你还认为那儿是家吗？对名人来说，那儿是故居；对一般的百姓来讲，只能说曾在那儿住过，那儿已不再是家了。

家是什么？1983年，发生在卢旺达的一个真实故事，也许能给家做一个贴切的注解。

卢旺达内战期间，有一个叫热拉尔的人，37岁。他的一家有40口人，父母、兄弟、姐妹、妻儿全部离散丧生。最后，绝望的热拉尔打听到5岁的小女儿还活着。辗转数地，冒着生命危险找到了自己的亲生骨肉，他悲喜交集，将女儿紧紧搂在怀里，第一句话就是："我又有家了。"

在这个世界上，家是一个充满亲情的地方，它有时在竹篱茅舍，有时在高堂华屋，有时也在无家可归的人群中。没有亲情的人和被爱遗忘的人，才是真正没有家的人。

阅读上文，即沪教版语文教材三年级第二学期课文《家是什么》，尝试写一首小诗，写出你心中的家是什么。

_____

_____

_____

2 探究劳动工具的发展

人类社会的发展由劳动工具的演变所主导。劳动工具的每一次变革都带来了划时代的生产方式的变革，从而开创了人类成为地球主宰的时代。

家庭生活中当然也少不了劳动工具。家庭劳动工具会随着时代的发展而发展，新事物取代旧事物，现代化代替手工化。

让我们开展"从笤帚簸箕到扫地机器人"的实践活动，准备好脑洞大开，探究开始啦！

> **一起听故事**

远去的煤饼炉

小时候，有一天我看母亲生煤球炉，因怎么也生不着火，她气得一脚踢翻了炉子。当时，我暗下决心要学会生炉子。那年我八岁，我先一遍遍学划火柴，然后点燃碎纸，慢慢学会了生炉子。

后来开始烧煤饼炉了，这是煤球炉的升级。煤饼上面有十二个小孔，让炉子有充分的氧气，增大燃烧率。比起煤球炉，煤饼炉不用每天生炉子，干净又省力。20世纪七十年代中期我们用的煤饼还是自己做的——用煤灰填满煤饼模子，用木槌猛砸压在上面的铁饼三五下，煤灰压结实就成煤饼了。

后来不用砸煤饼了，到镇上煤球店可买到煤饼。我家住郊外，买煤饼是件大事，先到生产队借拖车，家离镇有三里路，卸煤饼又脏又累。姐姐当时是家里老大，较壮实，这重累的活责无旁贷由姐姐包揽下来。

煤饼炉，晚上封上个煤饼到天亮可直接起来煮早餐。母亲是特别俭省的人，为了节约晚上封炉子的这个煤饼，她让我们每晚熄炉子，每天早上起来生炉子。我从八岁生炉子，到二十七岁出嫁，啪塌啪塌为生炉子扇坏的扇子有数十把，也曾被煤烟呛得眼泪哗哗。

1990年，我们家搬到天山五村，有了煤气灶，终于摆脱了烧煤炉这烦神又累人的活儿。随着改革开放的深入，人民生活日益改善，厨房革命随之深入发展，不仅不用煤饼炉用上了煤气灶，还有了微波炉和电饭煲，又有电烤箱、电磁炉等，而更多的厨房炊具还在诞生，烹煮不仅干净轻松，还成了开心有趣的事儿。

上海原有一百多万只煤饼炉。煤饼炉的消失，不仅净化了空气，节约了能源，也大大解放了劳动力，体现人民生活的优化。我告别煤炉三十年，仍感慨过去，感慨祖国改革开放四十年的巨大变化。

（本文作者为吴毓，选自《闵行报》，2019年9月20日。）

[课堂活动]

从笤帚簸箕到扫地机器人

活动目标

1. 知道日常生活用品的发展，会随着时代的变迁更迭出新；
2. 用思维导图的方式，尝试"细分再细分"法则；

3. 知道今天努力学习，是为了今后更好地工作。

活动过程

1. 了解"扫地工具"发展史。

"扫地"和我们的生活息息相关，扫地工具也随着时代发展不断变化。请根据下图不同阶段的扫地工具，用思维导图的方式写出与之相关的行业。

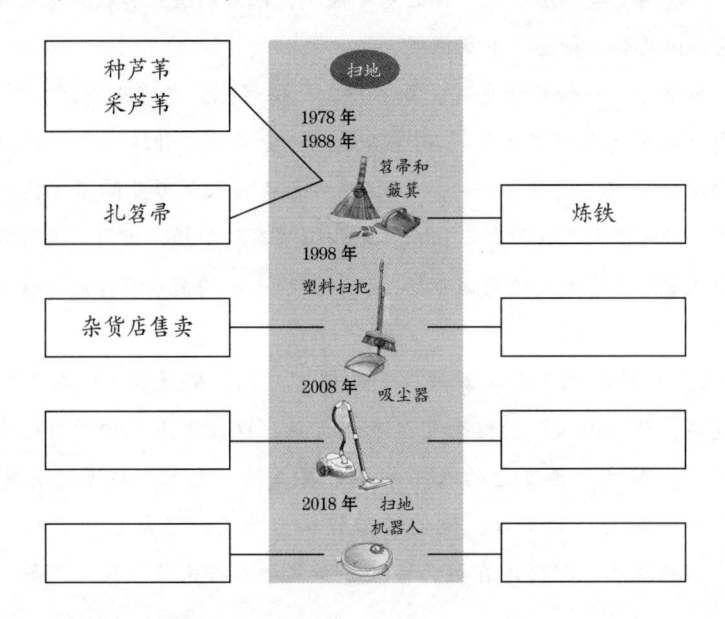

```
种芦苇
采芦苇 ──┐
         ├── 1978年  扫地
扎笤帚 ──┤   1988年
         │   笤帚和簸箕 ── 炼铁
杂货店售卖 ── 1998年
             塑料扫把 ── [  ]
  [  ]  ── 2008年
           吸尘器 ── [  ]
  [  ]  ── 2018年 扫地机器人 ── [  ]
```

2. 学习新职业五大法则。

风起云涌的新经济，让"工作"的定义变得更加丰富和精彩。根据《人工智能时代的未来职业报告》，技术革新的浪潮首先将会波及的是一批符合"五秒钟准则"的劳动者。

"五秒钟准则"指的是，在一项工作中，如果人可以在5秒钟以内对工作中需要思考和决策的问题做出相应决定，那么，这项工作就有非常大的可能被人工智能技术全部或部分取代。也就是说，这些职业通常是低技能，可以"熟能生巧"的。根据这一理论，翻译、司机、保安、客服、家政、会计等在未来均存在被人工智能取代的可能。而在实践中，人工智能已经可以成功帮助劳动者完成一些具有重复性的脑力工作。比如，支付宝的智能客服问题解决率已经超过了人工客服。这意味着，职业中可自动化、计算机化的任务越多，就越有可能被交给机器完成，其中行政、销售、服务业的可能性最大。

正因为与新经济同频共振，看上去缤纷多彩的新职业其实是有规律可循的。

不想被"格子间"束缚的你，不妨参考如下五大法则。

互联网基因。共享经济造就了共享单车运维员、共享办公管家、共享房屋房东，平台经济带来了专车司机、快递员、外卖员。随着互联网"连接一切"，人们的"职业版图"正在被迅速刷新。当下的互联网应用主要集中在消费和服务领域。随着互联网变成像水电煤一样的基础设施，向着制造业和农业深度拓展，带有互联网基因的新工种还将不断涌现。

细分再细分。一份食物光有营养不行，还得好吃。光好吃不行，还得好看。于是，食物造型师华丽诞生了。不得不说，消费者日益升级的需求在很多看似不起眼的细分领域，造就了一个个新职业。专业的人干专业的事。借着消费升级的东风，新的需求不断被激发出来：跑步锻炼有陪跑师，出门旅游可以私人定制……由于中国具有庞大的内需市场，任何一项小小的需求都可能蕴含着无穷的潜力。

"无人"背后的人。无人驾驶、无人超市、无人机送货……人工智能技术的飞速发展，让"无人"的概念变得炙手可热，也让很多人担心自己变为"无用"的阶层。其实，再发达的人工智能，再多的"无人"技术，其背后还是有人在研究、操控。只不过，他们的工作由台前变成了幕后。拿人工智能来说，其背后的算法工程师现在极为紧缺。与其担心将来被取代，不如现在赶紧充电。

爱好即工作。好几年前，老人会说"幽默不能当饭吃"，也没有人把"爱讲笑话"当成一份工作。而今，"段子手"实实在在出现了。好几年前，喜欢二次元文化、擅长做弹幕视频只是一项消遣。而今，"UP主"的工作室已经在三次元的真实世界里完成商业变现。把爱好变成工作，已成为很多90后、95后的新选择。可见尊重孩子的天性、培养他们的兴趣是多么重要！

老手艺回春。虽然听起来新的职业往往和新的知识、新的技能有关，但也不完全是这样。人总有一些刚需，比如吃饭，从古代的庖丁到现代的厨师，职业的"马甲"在变，但追寻美味的内核没有变。①

（本文部分内容选自《3600行，行行出状元》，新华网，2017年8月14日。）

[课后活动]

请你尝试用"细分再细分"法则，围绕"电视机"这个话题，用思维导图，细化再细化，脑洞大开想象一下可以细分出哪些职业。

一起看电影

2019年的国产电影《我和我的祖国》之"夺冠"单元（导演：徐峥），讲述了在1984年第23届奥运会女子排球决赛时刻，在上海的一条弄堂里，人们围坐在一台9寸的黑白电视机前，争看女排夺冠的那一刻。

那时，我国经济还不发达，哪怕是屏幕狭小、信号时不时中断的黑白电视机，也不是每家人都拥有的。影片中，冬冬为了让大家顺利看到女排比赛，一直举着室外天线。这样的画面，对如今的少年儿童来说是难以想象的。

影片中，冬冬看到爸爸回来，飞奔过去，扑在爸爸怀里抽泣着嘟囔道："我家电视天线太烂了。"

[课堂活动]

弄堂里的劳动工具

影片中的故事发生在上海石库门弄堂里。

1. 冬冬爸爸身上背着的包里放着修理黑白电视的劳动工具。想一想会有哪些修理工具，这些工具现在家庭生活中还有吗？

2. 影片的镜头下，弄堂里还出现了哪些劳动工具？选择一件，探究它的过去、现在和未来的发展。

[课后活动]

劳动工具的对话

以收藏在博物馆里几件代表不同年代的劳动工具为角色，创编一则童话故事，想象一下它们之间会有怎样的对话。

_____

_____

_____

3　探访家人的职业

做警察的爸爸，做律师的妈妈，做厨师的爷爷，做会计的奶奶。家庭成员都从事着不同的职业。你对这些职业了解吗，有怎样的看法？

在家庭生活中，这些从事不同职业的家人对你有着怎样的影响？

让我们开展"采访爸爸妈妈的工作"实践活动,走近各行各业。

一起听故事

跳水皇后郭晶晶

2008年8月17日,北京奥运会女子3米跳板跳水决赛在国家游泳中心"水立方"进行。"跳水皇后"郭晶晶成功卫冕。

作为当时国内现役运动员的代表,郭晶晶是跳水"梦之队"的领军人物,曾多次获得世界冠军。然而,辉煌的背后是她一步步走过的荆棘之路。5岁练跳水,15岁首次参加奥运会一无所获,1998年参加世锦赛,仅获得3米跳板亚军,在之后的几年赛事中,她始终与奥运会冠军宝座失之交臂。巨大的压力、残酷的现实,并没有让她意志消沉,相反,基于对跳水运动的喜爱,她以坚韧的毅力和不服输的信心,更为艰苦地训练坚持着。2004年,她终于从雅典奥运会拿回2枚金牌。然而,早可以光荣退役的她,仍在向2008年奥运冠军冲刺,在这届奥运会上她获得了2枚沉甸甸的金牌,完美谢幕。

作为一名老运动员,郭晶晶长年承受着伤病的困扰,却仍在一次次大型比赛中取得了如此辉煌的骄人战绩,是什么让她征战赛场多年依然保持着良好的状态?她成功的背后又有什么经历和特质?是什么动力在一路支撑着她?

郭晶晶说:"因为喜欢,才会投入,才会愿意付出。"

成功的背后是一路走过的荆棘之路。如果我们寻找她动力的源泉,就可以看到,对跳水的热爱是支持她战胜种种艰辛、勇往直前的强大动力。

郭晶晶在跳板上的成功是职业与兴趣结合的最佳体现。她喜欢跳水这项运动,为了实现那完美一跳而不停地去修正肢体动作,不断地在重复练习中改进不足,缔造完美。

由此可见,兴趣是成功的奠基石,兴趣对职业发展的影响是职业是否能走向真正成功的重要因素。对职业的兴趣能让自己全身心地投入工作,不计较得失,更能忍受成功前的寂寞,加快职业生涯发展的步伐。

[课堂活动]

采访爸爸妈妈的工作

获得对不同职业的生动体验,能够帮助同学们了解身边亲人工作中的甘苦。

在体验的过程中,同学们要学会根据自己的兴趣、能力和特点发现未来可能适合自己的职业。

采访任务单

采访人物	
他（她）小时候的兴趣或志向是	
他（她）现在从事的职业是	
现在从事的职业与小时候的兴趣、志向是否有明显关联 是□　否□	
如果是相关联的，他（她）是如何更好地在工作中发挥作用的？	如果是没有明显关联的，他（她）是如何在现在的岗位上做好工作的？

[课后活动]

跟爸爸妈妈上一天班

同学们有条件的话，可以跟随爸爸妈妈上一天班。按照早晨起床、上班路上、工作、午餐、下班路上这一时间顺序，观察并记录父母工作的内容，感受父母一天的工作节奏。回家后，写一写采访及跟随的感受。

_____
_____
_____

一起看电影

2020年陈可辛导演的影片《夺冠》，讲述了中国女排从1981年首夺世界冠军到2016年里约奥运会生死攸关的中巴大战，几代女排人历经浮沉却始终不屈不挠、不断拼搏的传奇经历。

[课堂活动]

出演亦是职业体验

主教练郎平和12名队员组成了中国女排。其实，女排队员背后还有一支强大的团队支撑着这支队伍一次次夺冠。

这支团队除了主教练郎平，还有助理教练和陪练，医疗队、康复师和营养师。他们在各自的家庭中也有各自的角色，或是为人父为人母，或是为人妻为人夫，或是为人子为人女。

但是为了中国女排"升国旗奏国歌"那一刻，每个人都舍小家为大家，在看得见的或是看不见的岗位上，做着不平凡的努力。

影片中，年轻时代的郎平由她的女儿白浪出演。对她来说，最大的收获是真真实实地体验到了母亲作为中国女排教练的艰辛。

请你和同伴们交流分享，影片中哪个片段最能让郎平教练的女儿感受到母亲工作的不平凡。

[课后活动]

给他（她），一则问候的微信

春节期间，中国女排还在集训，没有放假，没有团聚。观看影片后，请你任选影片中的一个人物，自拟一个家人的身份，给他（她）编辑一则问候的微信。除了文字，微信内容还可以有表情包等其他元素。（对方的名字、对话的时间、人物头像均可自主设计。）

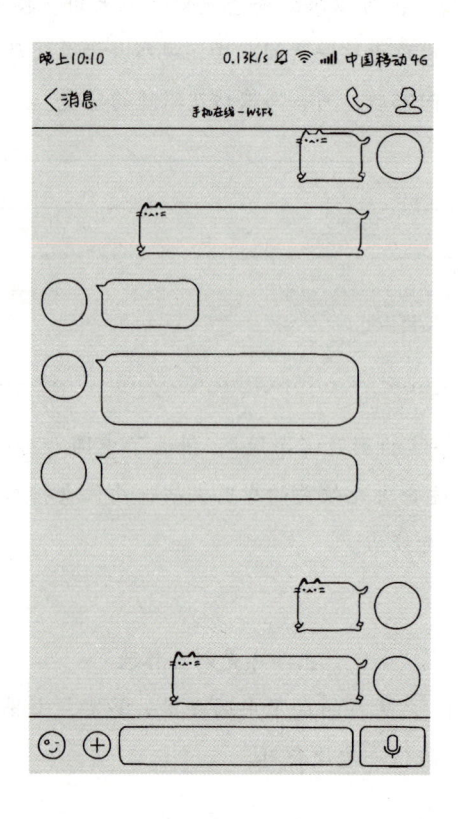

一起谈收获

家庭对我们的人生发展具有很大的影响，是每个人对事物的基本态度和观念形成的地方。

6岁，是一个人进入职业启蒙阶段的黄金期。此时，爸爸妈妈作为生涯启蒙导师，可以采取最有效的启蒙培养方式，即随时随地针对随处可见的一些小事物、一些熟悉的职业，和孩子对话。在和爸爸妈妈的对话中，同学们可以去思考、去动手，发现问题、解决问题，为未来职业生涯的选择播种一颗种子。

在"展·身手"这一模块的学习中，你一定有很多收获吧？请你在下面的蜂巢中，写一写这一模块的学习体会，也可以请爸爸妈妈或老师、同学写一写一起学习、一起体验过程中的点滴感受。

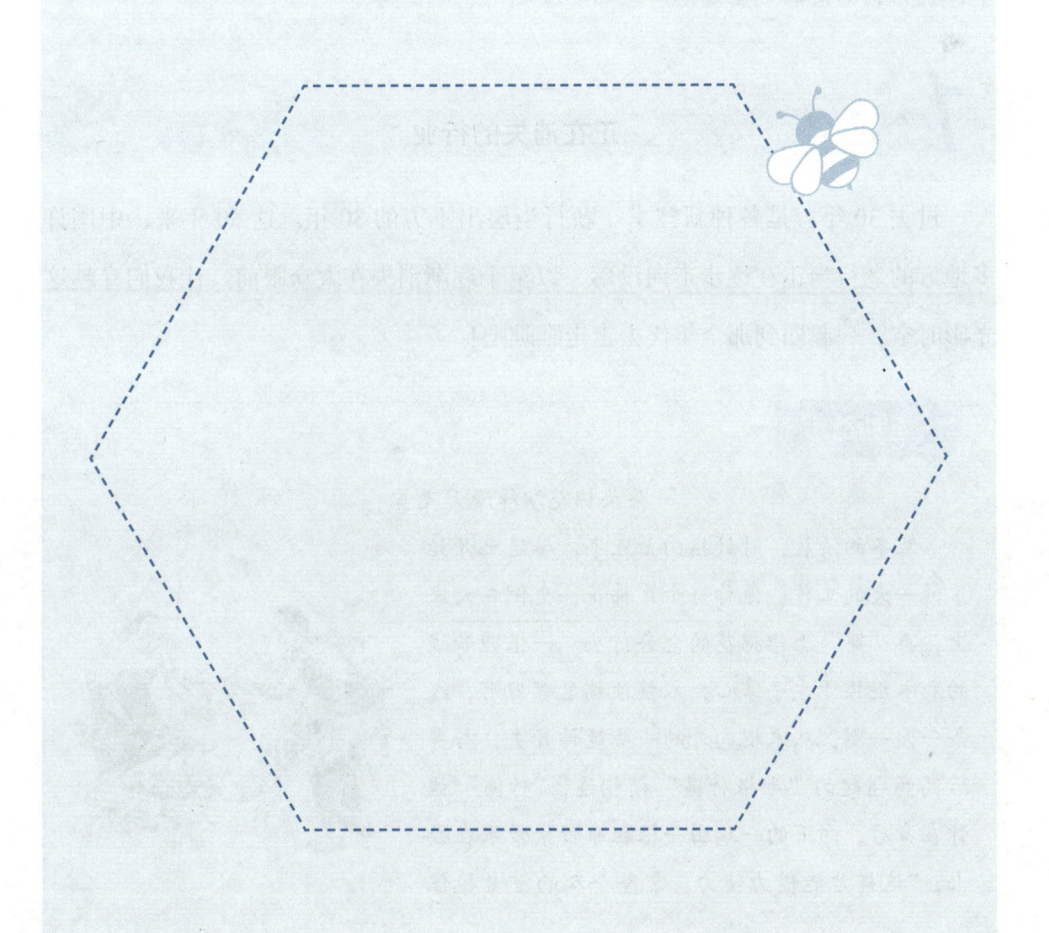

模块四

开·眼界

同学们，由于社会的发展和时代的需要，有一些职业慢慢淡出了我们的视线，或许其中一些你还看得到，但它们的市场已经太小了。而另外一些从前没有的职业却出现在了我们的生活中，有些职业听上去更是让我们很羡慕，甚至很想亲身去尝试一下。还有一些古老的职业，蕴含着丰富的民族文化，面临着失传的危险，所以对于这些职业行当，我们也需要想办法去挽救和传承。在这个模块中，就让我们走近这些意想不到的职业。

1 正在消失的行业

过去30年，是各种新技术、新行当层出不穷的30年。这30年来，中国许多地方的老行当正在逐步走向没落，以至于逐渐消失在大众眼前。让我们穿越这光影时空，一起回到那个年代去走走瞧瞧吧！

一起听故事

朵朵棉花演绎漫天飞雪

寒冬的清晨，时针指向七点半，廖延土开始了他一天的工作。他称好十斤棉花，全倒在大床上，再"穿"上弹棉花的全套行头。一根缠着线的杉木棍握于左手掌心，木棍顶端呈弯刀形，线条一圈一圈，从木棍向外的一头延伸开去，与身后高高翘起的"半根竹匾"梢相连，"竹匾"被背在身后，向下的一端由一根粗布带紧紧系在腰上，"这样才能借力使力，拿整个人的重量稳住

棉花弹的力道"。布带里面还有一层,那是"金华汤布",被老匠人当腰带用。廖延土右手上还有一个小锤,下部呈半椭球形,上部形似锅盖扣,上下本一体,都是檀木质,但用久了,锤子的"细脖子"就断了,廖延土就请人安了个铁铸的,"这样锤子重量就大起来了,这么敲下去,力道大,但手上不费劲,另一边杉木弹性好,棉花才弹得开,手艺人就是要不断动脑子,想更好的办法做出更好的活儿"。

大床上棉花宝宝们的变化是惊人的。廖延土摊出部分棉花,随着右手小锤一起一落,左手棉花弦发出和谐的鸣响,朵朵雪白的棉花陆续被夹带进来,几经快速弹压,未被压缩,反而忽地膨胀开来,瞬间"长大",吐出缕缕"花絮","开"出"漫天飞雪"。"砰砰砰""砰砰砰"……棉花弹与棉花,一硬一软,一强一弱,一个欲擒故纵,一个欲拒还迎,在这一来二去的博弈中,丝丝棉絮被最大限度地拉伸,而后彼此粘连,从声声弹奏中绵延出与木棍等宽的方方整整一片片,长度也大抵相仿,约 1.2 米。如此循环往复,一边棉花逐渐变少,另一边棉絮越垒越高,直至约两小时后大床上最后一群棉花宝宝消失。当初不足半立方米的棉花竟能铺出长 2.4 米、宽 2.2 米、高近半米的庞然大物,实在令人咋舌。"中间要垒高一些,四周边缘的地方要垒低一些。"而低到什么程度则因棉被尺寸而异,无定数,这也是廖延土在半个多世纪的棉花匠生涯中摸索出来的,"大家睡觉的时候喜欢把两边、脚后的被边都折回来,厚了就折不妥帖,匀出些棉花放在中间,盖着也暖和。弹棉花就是要多为用的人想想,让人家用着舒服"。

原来,老匠人手里弹奏的是温暖含蓄的幸福,还有那古老的乡俗。

(本文节选自《弹棉花老人廖延土的故事》,作者张苑,婺城新闻网,2013年12月13日。)

思考:为什么弹棉花这个职业会慢慢消失了呢?

[活动乐园]

消失的职业:修钢笔者

曾经,拥有一支钢笔是一种时尚和身份的象征,更是一种知识的代表。使用和修理往往相伴而生,在商品尚不能达到如今的丰富程度之时,修钢笔者对于使用者来说就是"装备保障"。在新中国成立前,人们使用的钢笔大都是舶来品,以派克金笔为多,公务人员也以拥有一支派克金笔为自豪。那个年代的派克金

笔,手感极有分量,笔尖的顶部有一点点黄金,字迹圆润,书写起来极其流畅。但使用久了,笔尖磨损很大,人们就要找修钢笔的师傅镶金。修笔师傅把钢笔小心地夹在一个模具当中,用喷灯熔化一根金丝,再用一根针挑起一点,蘸到笔尖上,待冷却了,用细砂纸轻轻磨拭一番,这下旧钢笔又是一支书写流利的好钢笔了。这个过程简直是在针尖上舞蹈!

消失的职业:爆米花师傅

慈祥的老人,红火的小炉,呱嗒的风箱,一头放着一颗葫芦状的"炮弹",另一端连着长布袋和柳条筐。随着一声巨响,热气蒸腾,漫天的香气氤氲了全身,米变成了白白的爆米花。在没有什么零食的年代,爆米花的意义相当于一次盛大的篝火晚会,它带给孩子们太多的欢乐与憧憬。一把大米,一毛零钞,在那贫穷的年代绽放了多少笑脸,赶走了多少苦涩。

请你做一回小记者,采访一下家中的长辈,看看还有哪些职业是他们曾经接触过的而现在却逐渐远去或消失不见的,然后完成下面的采访任务单。

职业名称	大致时间	内容介绍	老一辈的记忆	消失的原因

[课外拓展]

有些职业在历史的长河中成为了一代人永恒的回忆,见证了时代的兴衰。但也有一些职业历久弥新,虽然称呼有些变化,却依旧是我们生活中不可或缺的存在。

老师：

古代叫先生，受个人聘请，在规模较小的私塾中教书。 → 现在叫老师，受政府聘请，在设施健全的学校中上课。

刑警：

古代叫捕快，在衙门工作，主要是抓捕坏人，维护治安。 → 现在叫刑警，隶属公安局指挥，侦破案件，抓捕罪犯。

医生：

走街串巷为人看病，或者开医馆，医术高明的被皇帝垄断，成为只为少数贵族服务的太医。 → "医生"一词源于欧洲，多指西医。现指掌握医药卫生知识，从事疾病预防和治疗的专业人员。

你还知道哪些职业发生了变化？

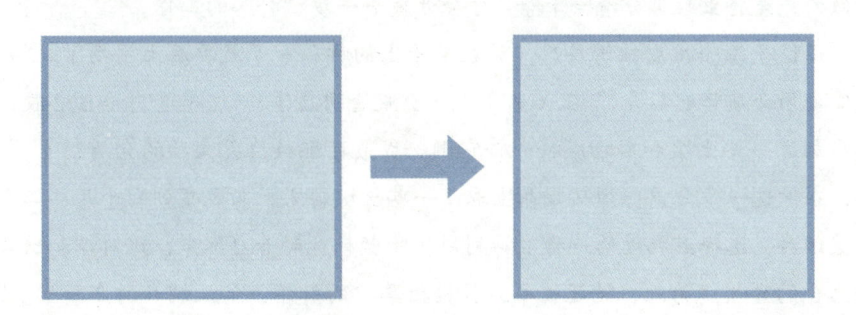

103

> 一起看电影

2016年是故宫博物院建院90周年，为了纪念这个特殊的日子，中央电视台拍摄了一部纪录片《我在故宫修文物》。该片记录了故宫中稀世文物的修复过程和修复者们在日复一日工作中的心路历程。"文物修复师"这个职业一下子进入了公众的视野，引起了人们的关注。

修复时光的伤疤

透过玻璃窗，阳光洒了进来。王怡苹的修复工作台，就设在华侨大学四端文物馆特展室东南角最靠窗的位置。一张小长桌，一把靠背椅，简单得让人难以想象。但就是在这不过三四平方米的小天地里，六年来，王怡苹已完成两三百件文物的修复、保护工作。

在这张小长桌上，摆着温度湿度计、各色矿石颜料、试色纸、镊子、镇尺等常见的文物修复材料工具；一旁立着十多个透明塑料瓶，里面装满各种颜色、质感的土壤——"它们都是我从各地搜集来的，文物修复就像给文物治病，这些土壤都是我的'灵丹妙药'。"王怡苹神秘地笑笑，讲起了一个自己曾整整"抢救"了8个月的"病人"。

这位"病人"，是一尊长20厘米、宽17厘米、通高16.8厘米的汉代铜鼎。"当时，它的圆形顶盖上，有一个直径10厘米左右的破洞，一只顶耳脱落，锈蚀斑斑，损坏程度十分严重。"王怡苹说，为"病人"检查身体时，就涉及修复的第一步——清洁除锈。她戴着手套，小心地用软毛刷刷去尘土。"很多青铜器由于长期埋藏在地下或出土后没有放置在适宜的保存环境中，一旦接触到含氯的可溶盐类及水分等物质，就会形成腐蚀锈层。"王怡苹比喻，就像治疗蛀牙，医生要做的先是将虫蛀部分清除干净，才会开展下一步"补"的工作。

用镊子清除掉腐蚀锈层后，放在桌子上的神秘瓶子就要派上用场了。"破损处需要用介质将它黏合，"王怡苹拿出一小瓶透明晶体，"这是透明的B72胶，我需要加进一些土壤和矿物颜料，将它调配成最匹配被修复文物的介质胶土。"但是，在做这一步之前，须从铜鼎上取下一些土壤粉末，与收集到的十几、二十种土壤比对，选择最相近的一种，再利用矿物颜料、对着自然光，比对调和出颜色最吻合的介质。为此，她还拔草，抽捶出草中的纤维，加入调和的介质里。"文物修复讲究修旧如旧，要让修补的部位与周围的衔接浑然一体，这不仅是个技术活，还要能耐得住性子。"王怡蘋说。

每道黏合工序完成后，都要等它自然风干，再进行下一步操作。最终所有工序完成后，王怡蘋还要对铜鼎进行"涂布"——为它涂上一层保护膜，让它的生命尽可能延长……

"为什么在高校文物馆修文物？除了热爱外，我也想让学生看到，我们是有使命去保护好这些珍宝的。我希望很多年后，人们还能通过文物去感受传统文化的博大与美好。"王怡蘋说。

(节选自《"文物医生"修复时光疤痕　讲述修复文物背后的故事》，台海网，2018年5月20日。)

所谓的"工匠"就是将传统手艺保留和展现出来的人。《周礼·冬官考工记》记述："知者创物，巧者述之，守之世，谓之工。"就这么一个"守"字，便将工匠置于历史。他们要守住藏品，就先要守得住自己的心。耐住寂寞，是成为工匠的最基本前提。

[活动乐园]

文物修复师

这是一个专门对破损文物进行修复的职业。它需要从业者具有多门学科的专业知识，同时也需要极大的耐心和毅力。本着"修旧如旧"的原则，这一行业有着非常严格的规章制度，每次修复都要建立档案，详细记录文物的修复全过程及前后状况。修复一件文物常常要用几个月甚至几年的时间。由于缺乏相关的职业标准且培养机制不健全，中国的文物修复师面临后继无人的局面，截至2012年，全国仅有2 000人左右，严重影响着文物的保护状况。

除了文物修复师，目前还有许多蕴含中国传统文化的职业面临失传的窘境，其中还不乏非物质文化遗产中的行当。

昆曲艺术传唱

昆曲又称昆剧，被称为"百戏之祖"，是中国传统戏剧中最古老和最精致的剧种之一。它是戏剧、歌剧、舞蹈、诗歌朗诵和音乐会的综合体，还吸收了早期中国戏剧表演形式，如哑剧、闹剧、杂技、民谣等，其中一些可以追溯到公元前甚至更早时期。它从

昆山旋律演变而来,并在16世纪到18世纪"占领"了整个中国戏剧领域。昆曲风格起源于吴文化区。2001年,昆曲被联合国教科文组织列为"人类口述和非物质文化遗产代表作"之一。中国绝大多数戏曲的音乐伴奏都是胡琴,而昆曲是用笛子伴奏的,非常与众不同。

中国剪纸

剪纸是一种用剪刀或刻刀在纸上剪刻花纹,用于装点生活或配合其他民俗活动的民间艺术。在中国,剪纸具有广泛的群众基础,与各族人民的社会生活相交融,是各种民俗活动的重要组成部分。其传承赓续的视觉形象和造型格式,蕴涵了丰富的文化历史信息,表达了广大民众的社会认识、道德观念、实践经验、生活理想和审美情趣,具有认知、教化、表意、抒情、娱乐、交往等多重社会价值。2018年12月,教育部办公厅公布南京航空航天大学为中国剪纸中华优秀传统文化传承基地。

正面塑

正面塑俗称"捏面人",旧社会的面塑艺人"只为谋生故,含泪走四方",挑担提盒,走乡串镇,做于街头,成于瞬间,深受群众喜爱。但他们的作品却被视为一种小玩意儿,是不能登上大雅之堂的。如今,面塑艺术作为我国珍贵的非物质文化遗产受到重视,小玩意儿也走入了艺术殿堂。面塑以面粉、糯米面为主料,加入色素调成不同色彩的面团,捏面艺人根据所需随手取材,在手中几经捏、搓、揉、掀,用小竹刀灵巧地点、切、刻、划,塑成身、手、头面,披上发饰和衣裳,顷刻之间,栩栩如生的艺术形象便脱手而成。

请你搜集资料,任选一种面临失传的文化职业,制作一份图文并茂的小报进行介绍吧。

[课外拓展]

在2009年9月28日至10月2日举行的联合国教科文组织保护非物质文化遗

产政府间委员会第四次会议上，中国申报的端午节、中国书法、中国篆刻、中国剪纸、中国雕版印刷技艺、中国传统木结构营造技艺、中国传统桑蚕丝织技艺、龙泉青瓷传统烧制技艺、妈祖信俗、南音、南京云锦织造技艺、宣纸传统制作技艺、侗族大歌、粤剧、格萨（斯）尔、热贡艺术、藏戏、玛纳斯、花儿、西安鼓乐、中国朝鲜族农乐舞、呼麦共22个项目入选"人类非物质文化遗产代表作名录"。

在入选"人类非物质文化遗产代表作名录"的中国项目中，你对哪一个项目最感兴趣？不妨为它制作一张精美的名片，然后互相交流，让更多的人了解我们博大精深的传统文化。

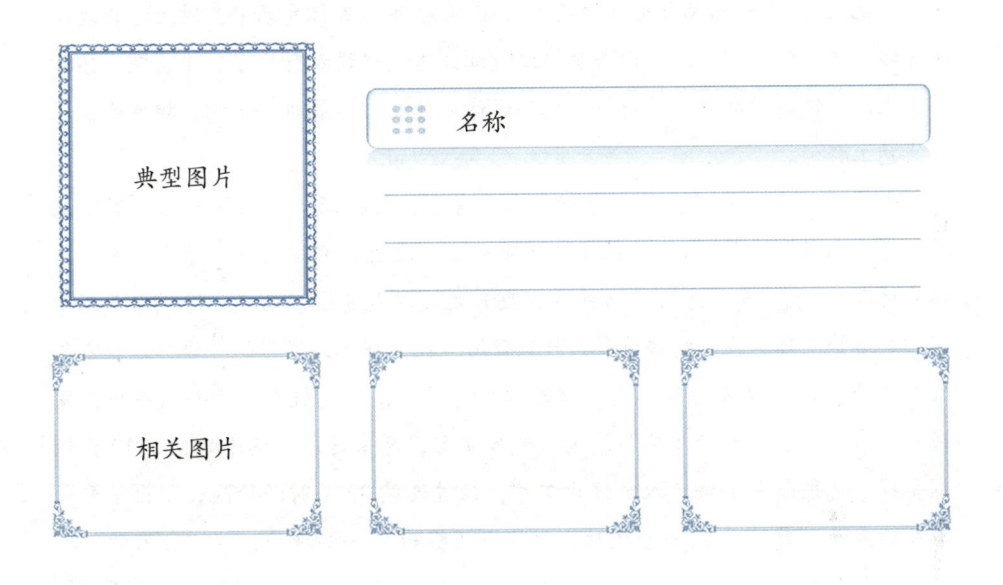

| 典型图片 | 名称 |

| 相关图片 | | |

结语

同学们，一个人要想获得职业的成功，不仅要具备良好的职业素养和品德，更重要的是要始终适应社会的发展和需求。随着职业的发展，职业的分工在不断细化，人类的文明也在不断进步，但有些面临失传的传统文化还是需要我们在传承的坚守中对其积极革新。

2 悄然诞生的新行业

随着时代的变迁，很多老行业逐渐消失了，悄然间诞生了很多新的行业。例如服务行业有了送货上门的快递小哥。

同学们，你们想过未来自己会是怎样的一个人，会从事什么行业吗？如果想过，那不妨朝着这个梦想，不断地靠近一点再靠近一点。为了实现梦想努力的同时，也不要忘记关心悄然诞生的新行业。

一起听故事

"上海地铁之父"刘建航

刘建航自1951年从上海交通大学土木工程系毕业起，就和地铁结下了不解之缘。他从29岁开始参加地铁试设计，在50余年的工作生涯中，对上海的地铁一号线、二号线工程，以及两条黄浦江过江隧道的建设都作出了突出贡献。1989年，上海地铁建设战役终于打响。已届退休年龄的刘建航勇挑重担，担任地铁一号线总工程师。

上海地下土层松软，外国专家来上海考察，直接断言"上海的土质不可能挖隧道和地铁"。刘建航和他的团队迎难而上，没有放弃。地铁一号线徐家汇车站基坑深17米，面积达1.32万平米，咫尺之近就是易爆裂的煤气管线以及国际通信电缆等7种管线。刘建航每天赶到现场监控，施工最紧张的时候，连续半年住在工地，每天要分析数千个测试数据。有一次，刘建航在数千个数据中，发现一个基坑挡墙位移速率突然增大，开始变形，原来是地下墙中缺少了12根钢制支撑，他果断命令施工人员停止工程，经过连续32小时的抢险，阻止了重大事故的发生。建造地铁一号线时，刘院士还提出了一些理论，如：上海的软土层，需要分区、分块、分层、对称、平衡、限时挖土。这些方法，国外从未提出过。

刘院士七十多岁时，患有高血压。但是每到关键节点，他都坚持一定要去坑坑洼洼的工地看现场。2006年的一天深夜，地铁二号线过江隧道突然冒沙。过江隧道漏水是非常棘手的事情，当时漏水不断，堵都堵不住。刘建航闻讯赶到，在他的指挥下，专业人员把隧道内部结构打开，发现情况比预想的还要糟糕，连忙又封上捂住。此后的半年，整个团队一直在研究这个问题，后来想到了用液氮把水冰冻，在冰冻状态下，一点点堵住漏水处，终于修复了过江隧道。

上海地铁从无到有迅速发展。申通地铁公司下属地铁运营公司、维护保障公司等一个个新公司及相关行业，悄然诞生。

"上海地铁之父"刘建航，向我们讲述了择一事、爱一行、终一生的故事。

[课堂活动]

地铁开到了家门口

1994年12月10日,地铁一号线南延伸段(锦江乐园站至莘庄站)工程开工,由闵行区区政府和上海市地铁工程建设指挥部共同建设,总投资6.2亿元,闵行区承担1.6亿元。

那么,莘庄地区未开通一号线地铁前,人们出行的方式是怎样的?生活消费途径是什么呢?投入这么多经费建地铁值得吗?

如今,途经闵行区域的地铁有几条线路?你家附近有几号线?请你介绍一下地铁开到家门口,给生活带来的变化。

[课后活动]

"会说话的标识"地铁探秘

走进一座地铁站,用相机记录一个地铁标识。从标识图形中,读懂标识的含义,透过标识,感知地铁行业的产业链。通过访问、网络搜集信息等方式,进行深度探究。

任 务 单

探究步骤	探 究 足 迹
一、识	____年____月____日　星期____　天气____ 我(们)在____城市____号线____站拍摄了一个标识。 一眼看到标识,我读懂了_____。
二、探	____年____月____日　星期____　天气____ 我(们)用_____方式对这个标识进行深入探究: _____。

109

续 表

探究步骤	探究足迹
三、行（此阶段如无，进入第四阶段）	____年____月____日　星期____　天气____ 我(们)在____城市____号线____站拍摄了一个同类型的标识。 一眼看到标识，我读懂了_____。 在其他城市，会不会因为思维定式或错误解读，而发生有趣的旅途小故事呢？如果有，可以简单地描述一下当时的场景。
四、创（选择1或2，设计一个标识）	1. 墨西哥为鼓励大家锻炼身体，由政府推出一个免费乘坐地铁的政策——做十个深蹲可以免费乘一次地铁。假如上海也要推出该政策，需要设计一个标识，让游客一看就懂，并能积极参与其中，请创编、制作这样一个标识。 2. 你觉得地铁站、地铁车厢还可以设计怎样的标识？ 我和谁一起制作标识： 设计制作得到谁的帮助： 设计的灵感： 标识所用的材料： 材料所用的经费： 经费的来源：

一起看电影

　　2020年国产电影《我和我的家乡》之《神笔马亮》(导演：闫飞、彭大魔)，讲述的是西红市文艺团的画家马亮的故事。马亮出生在东北山村，文艺团让他下乡，而夫人秋霞要求他去俄罗斯画院留学。一边是自己出生的小山村，马亮希望用自己的微薄之力改变年轻人越来越少的小山村；一边是怀孕的夫人，他不想让夫人伤心。最终马亮选择去小山村当村支书，但是使用了"偷梁换柱"这一招，白天作为村支书的马亮走街串巷，处理工作，练习俄语，到了和夫人视频的时间，就扮演起俄罗斯留学画家。小山村的村民平时在马书记的带领下种地垦田，马书记的夫人打来视频通话，全都秒现道具——金发头套加画板，全村一起扮俄罗斯人，配合马亮一起在"俄罗斯郊外写生"。因为马书记带领全村搞起了旅游村，所以大家的生活越来越好。一次，夫人秋霞带着外甥女和外甥女的男朋友一行三人来到了这个旅游村，一切真相大白。神笔马亮用自己的"画笔"在这个小小的山村画出了大爱。

[课堂活动]

村支书的"神奇画笔"

影片中，画家马亮成了小山村的村委书记。他把画画在了他所钟爱的小山村，画在了村民的田地里、院墙上，也画在了村民的心上。

和以往大家认知的村支书不同，这个马书记用他的"神笔"带领村民脱贫致富，小山村成了新兴旅游村。

观看了影片，请你和同学们交流一下，这个村支书用"神奇的画笔"做了哪些事情？

[课后活动]

如果我是神笔马良

《神笔马良》是中国童话故事，有一个叫马良的孩子，从小喜欢学画，可是，他连一支笔也没有，只能用树枝在沙地上画画。时间一天天过去，马良越画越好。一天晚上，马良梦见一位白胡子老爷爷，送给他一支神笔，他醒过来一看：手里真的握着一支笔！马良有了这支神笔，天天替村里的穷人画画：谁家没有耕牛，他就给谁家画耕牛；谁家没有水车，他就给谁家画水车……

如果你是神笔马良，拥有了一支神笔，而神笔只能针对你的亲友、师长的职业，发挥两次神奇的作用。你想为谁画什么呢？可以先采访，再作画。

3 团结协作的职业精神

团结协作、顾全大局、心存敬畏、勇于创新……这些职业精神对任何岗位而言都是十分重要的。而这些精神不能等到进入职场后才开始历练，我们生活在家庭、班级或其他任何一个集体中，都需要遵循这些规则。职业素养要从小培养，从点滴做起。

一起听故事

北京奥运会背后的故事

2008年8月8日，北京奥运会开幕。你还记得看开幕式时，那份热血和骄傲吗？

2008年开幕式总导演的选拔采用全球竞标的方式。当时参与竞标的不乏李安、陈凯歌等知名团队。经过6个月的创意策划，在390份竞标作品中，张艺谋及其团队得到了最高分。

张艺谋召集开幕式涉及的各个领域的厉害人物，组成了新的工作小组。在2年多的筹备中，他们开了2 000多个会。最初，展现五环标志想用击鼓和铁环，但被完全否定；表演活字印刷术的创意，被认为无法协调6 000多名演员。像这样被否定的创意一个接一个，在无数次地推翻重来后，才确定下让大家都满意的想法。有些创意来自无意间，而有些创意来自张艺谋的坚持。比如对于"纸"的坚持，经过无数次推翻后，最终回到了最初的画卷的方案。

2008年8月8日这一天，北京奥运会在鸟巢开幕。现场9万人、中国11亿观众、全球看电视直播的44亿人看到了一场奇迹。而我们看不到的是背后无数人的努力。

（本文节选自《12年前的今天，他让44亿人震撼》，作者为社区达人号"耳朵里的博物馆"，2020年8月8日。）

[课堂活动]

从"奥运三问"到北京奥运会

1908年，《天津青年》杂志刊发的一篇文章，向国人提出了著名的"奥运三问"：

中国什么时候能够派运动员去参加奥运会？

我们的运动员什么时候能够得到一块奥运金牌？

我们的国家什么时候能够举办奥运会？

2001年7月13日，北京申奥成功。2008年8月8日，北京奥运会在鸟巢开幕。从"奥运三问"到中国自己举办奥运会，经过了一百年。

重温北京奥运会开幕式的某一个镜头，了解背后的故事，和同学们分享一下。

[课后活动]

头脑风暴，要经得起被否定

以小队为单位，一起头脑风暴设计一次小队活动。活动要求是：在头脑风暴的过程中，人人提想法，最终形成一个最佳方案，并组织开展一次活动。

小队活动主题	
队员1的建议	
队员2的建议	
队员3的建议	
队员4的建议	
队员5的建议	
最终讨论形成的活动方案	

一起看电影

《中国机长》是2019年刘伟强执导的国产电影。影片讲述的是2018年5月14日四川航空3U8633航班机组执行航班任务时，在万米高空突遇驾驶舱风挡玻璃爆裂脱落、座舱释压的极端罕见险情。机组成员凭借着极少仍处于工作状态的仪器，艰难地进行手动驾驶。座舱释压发生时，乘务组立即执行释压处置程序，指导旅客使用氧气面罩。英雄机组的正确处置，确保了机上全体人员的生命安全，创造了世界民航史上的奇迹。

[课堂活动]

敬畏生命、敬畏职责、敬畏规章

影片最后，当飞机成功降落，机长从机舱缓缓走出时，屏幕上打出了12个字：敬畏生命、敬畏职责、敬畏规章。

影片中的哪一个镜头，让你对这三个词有了深刻的理解和认同？请在组内和同学们讨论一下。

[课后活动]

心存敬畏，方能远行

爸爸妈妈在不同的行业工作，请你采访其中一位，了解他（她）的工作岗位是否也需要遵循"三个敬畏"，他（她）是如何为之努力的。

一起谈收获

一个人对社会的理解，并非是从踏入职场才开始的。爸爸妈妈从事的行业、平时生活中看到的各行各业，都能让同学们对不同职业有所了解。虽然作为小学生，对"职业精神"还无法充分理解，但是"职业素养"其实在你的日常生活中无处不在，你已经在不知不觉中得到了历练。

在"开·眼界"这一模块的学习中，你一定有很多收获吧？请你在下面的蜂巢中，写一写这一模块的学习体会，也可以请爸爸妈妈或老师、同学写一写一起学习、一起体验过程中的点滴感受。

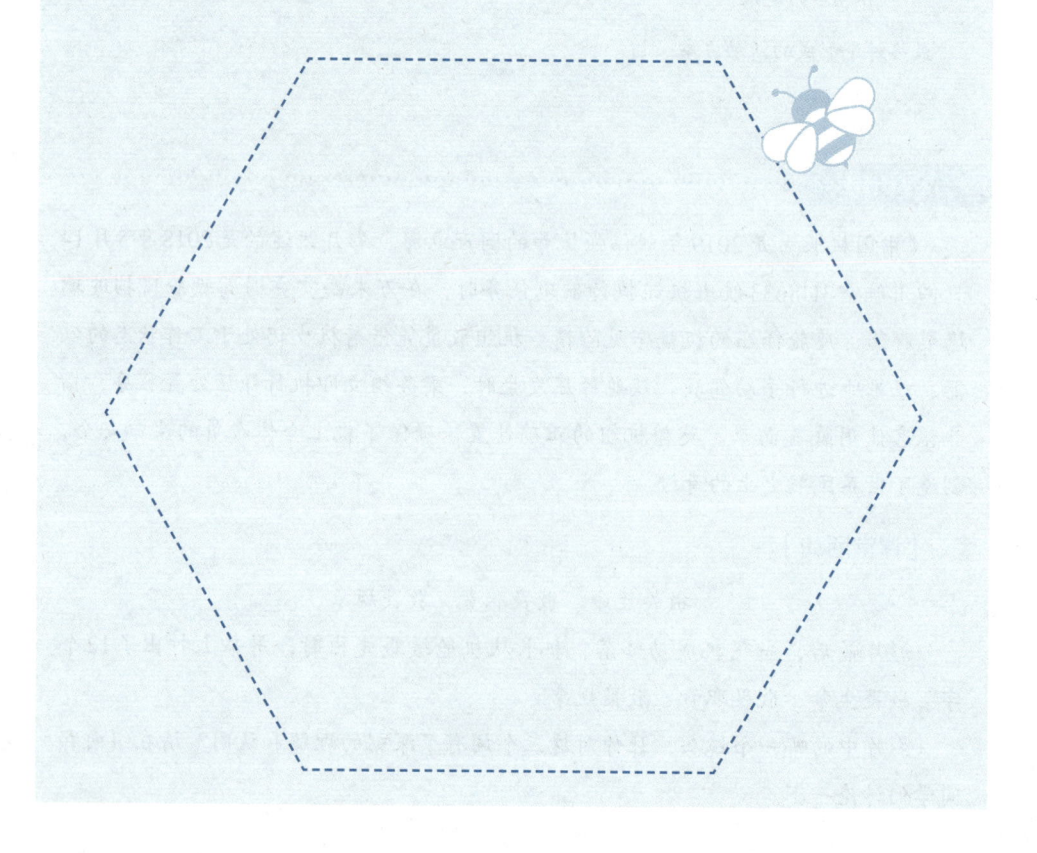

模块五

慧·学习

同学们，从我们出生开始，学习就伴随着我们，比如学会走路、学会说话、学会写字等。学习是每个人成长的必需品，学习无处不在，处处皆可学习。学习也是一件快乐的事情，能让我们获取知识、学会本领。学习更是一个技术活，我们要树立战胜困难的信心和勇气，养成良好的学习习惯，实时探寻和更新学习方法，因为智慧的学习才能达到学习的最好效果，让我们成就满满。而学习就是一种奋斗，学习让未来更加精彩，让我们一起努力学习，让美好如期而至！

1 学习伴我成长

为什么要学习？学习是为了什么？同学们，你们有认真思考过这两个问题吗？学习，是人一生当中最重要的事情，每个人都是在学习中成长起来的。俗话说："活到老学到老。"生命能延续多久，学习就应该持续多久。学无止境，人的一生就是一个不断学习的过程。我们除了学校的课堂学习外，还有很多其他的学习途径和内容，比如玩耍也是一种重要的学习方式。生活是我们学习的大课堂，只要你做一个有心人，生活处处可学习，生活处处有"老师"。

一起听故事

活到老学到老的楷模——任正非

华为创始人、总裁任正非是一位名副其实的读书"达人"，在终身学习方面堪称楷模。他虽然已经70多岁了，但思想始终处于高度开放的鲜活状态，思维非常敏捷，讲话逻辑性很强，而且富有哲理。

任正非是一个勤劳、勇敢、有魄力、不认输、终身学习、不断进步的人。他的技能基本上靠自学得来。有媒体披露，作为华为公司的精神领袖，任正非始终坚持阅读，利用碎片化的时间去学习，从书中汲取别人的知识和经验，使自己跟得上事业发展的要求和时代的步伐。任正非没有其他爱好，业余时间就是待在家里看书。他称自己是"宅男"，回到家里不是看书，就是看新闻。他曾被财富中文网评为"最爱读书的年度中国商人"。几十年来，他孜孜不倦地阅读，出差时必带的物品就是书籍，基本上一个礼拜要读一两本书，每天都翻阅杂志。

任正非平时喜欢读政治、军事、经济、社会、人文等方面的书籍，中外历史方面的书读得最多，而很少读小说和管理类图书。他认为，小说是虚构的，而有些管理类书籍是作者闭门造车的产物，读多了会限制自己思想，因为真正的管理并非几条原理所能概括的。

任正非认为企业家就要终身学习。他从中国人民大学、浙江大学请了几位大学教授做顾问，顾问们的办公室和他办公室挨着，只要他一有时间就跟教授们泡在一起辩论问题。有时候他跟教授们拍桌子，辩论完他就走了，过一会儿他又晃回来跟教授们聊，你会发现刚才教授们用来批判他的观点已经变成他的了，而且从他口里说出来水平更高、更有思想、更有深度。

前不久，"互联网大佬集体表白数学"登上了微博热搜，而任正非表示退休以后要去学习数学，吸引了人们的眼球。任正非的学无止境，令其他行业巨头也对坚持学习充满敬畏。在他们看来，学习能够化解压力，变压力为动力。只有终身学习，才能保持探索的热情。

任正非尚且终身学习，我们应当如何做呢？怎样做到终身学习？古代文豪朱熹说过："无一事不学，无一时不学，无一处不学。"我们要向任正非学习，必须提高认识，树立和增强终身学习的信念。

[课堂活动]

成长万花筒

从出生到现在，我们成长的每一步都离不开学习，让我们追寻成长的脚步，回想一下我们是怎样在学习中成长起来的，一起来画一画、晒一晒、讲一讲、想一想。

画一画：用自己喜欢的方式画出你从出生开始学习的内容。

晒一晒：大胆向同学们展示自己学习各种本领的照片（如学走路、学说话、

学跳舞、学礼仪、学手工等)

讲一讲：给同学们讲一讲你学了哪些本领，是怎么获得的。

想一想：如果没有学到这些本领，我们会是什么样子呢？以后你还想学习什么呢？

[课后实践]

我是小记者

我们小朋友需要学习，那么大人是否还需要学习呢？让我们化身小记者，去采访一下身边的人，完成一份采访报告，看看大人们还在学什么。

采访小报告	
采访对象	
采访内容 （1）学什么 （2）为什么学	
采访感悟	

一起看电影

电影《隐形的翅膀》(导演：冯振志)讲述了一个不幸被高压电击中失去了双臂的花季少女志华的励志故事。她刻苦练习，学会自理，争取到了重新上学的机会并苦练游泳，在全国残疾人运动会上获得了好成绩，取得了进军残奥会的资格。

故事发生在壮美的内蒙古草原上。15岁的花季少女志华考上了高中，她和同学们高兴地去放风筝，不幸被高压电击中。经医院奋力抢救，她保住了性命，却失去了双臂。志华的母亲经受不住这惨剧的打击，患上了精神分裂症。失去双手的志华不能自理，生活变得异常艰难。志华想回到学校上学，可是无法写字做作业，学校没法接收她。为了重返校园，她在家刻苦练习用脚写字，脚趾磨烂了，结出厚厚的血痂。终于，她学会了用脚流利地写字，争取到了重新上学的机会。

学校离家太远，为避免迟到，最好的办法是住校。志华必须具备生活自理能力,才符合住校的条件。为此,她白天黑夜地苦练脚上功夫。终于学会了用脚洗脸、漱口、穿衣、做饭、用电脑、练书法,甚至学会了穿针引线、缝缝补补等,那些用手才能做的事她用脚基本上做到了。

志华妈妈的精神分裂症越来越严重。一次意外刺激后,她在幻觉中走进一个水泡子里,差一点被水淹死。当时正是志华及时发现了妈妈,但是她没有手,又不会游泳,只能跳进水里,拼命地呼喊救命。就在她万分焦急的时候,有一辆拖拉机开过来,才把奄奄一息的志华和她妈妈救了上来。所以当市残联的教练来学校挑选运动员时,志华担心妈妈再次掉到水泡子里发生意外,就选择了游泳项目。她刻苦学习,不仅学会了游泳,更是在全国残疾人运动会上获得了好成绩,取得了进军残奥会的资格。

[课堂活动]

成长小舞台

电影《隐形的翅膀》讲述了大学生李志华的感人事迹,看了电影后,你印象最深的是什么?让我们站上成长小舞台,可以说一说你观影后的感受,也可以展示一下你在学校之外,在生活、社会这个学习大课堂里学到的才艺或本领。

[课后实践]

我是小厨师

生活中处处可学习,学做菜也是一种学习。让我们化身小厨师,学做一道家常菜,完善表格,记录自己学习的过程,也可以请爸爸妈妈帮忙拍下你做菜的视频,在学校里和小伙伴一起分享。

学习记录表	
菜　名	
所需食材	
做法步骤	
我的收获	
家长评价	

2 学习让我快乐

人生是一个不断学习的过程。在这个漫长的过程中，你是否发现，原来学习是有趣的、快乐的，更是可以享受其中的，是幸福的。学习不仅能使我们增长知识，学会本领，还能让我们收获快乐。虽然我们在学习的道路上会遇到许多困难，但是只要努力解决这些困难，我们将会享受到无比的轻松与快乐。让我们投身学习，尽情享受这一过程，真正做到乐学、好学。

一起听故事

阿尔伯特·爱因斯坦

作为一位理论物理学家，爱因斯坦的成就举世闻名。他曾经说过："我从未停止学习。我每天都在学习自己不懂的东西。"他对知识的渴求和学习的热情是他成为伟大科学家的关键。

1879年3月14日，一个小生命降生在德国一个叫乌尔姆的小城。父母为他起了一个很有希望的名字：阿尔伯特·爱因斯坦。看着他那可爱的模样，父母对他寄托了全部的期冀。然而，没过多久，父母就开始失望了：人家的孩子都开始学说话了，已经三岁的爱因斯坦才咿呀学语。后来，爱因斯坦的妹妹，比他小两岁的玛伽已经能和邻居交谈了，爱因斯坦说起话来却还是支支吾吾，前言不搭后语……

看着举止迟钝的爱因斯坦，父母开始忧虑。他们担心他的智能是否会不及常人。直到爱因斯坦10岁时，父母才把他送去上学。一次工艺课上，老师从学生的作品中挑出一张做得很不像样的木凳对大家说："我想，世界上也许不会有比这更糟糕的凳子了！"在哄堂大笑中，爱因斯坦红着脸站起来说："我想，这种凳子是有的！"说着，他从课桌里拿出两个更不像样的凳子，说："这是我前两次做的，交给您的是第三次做的，虽然还不行，却比这两个强得多！"一口气讲了这么多话，爱因斯坦自己也感到吃惊。

爱因斯坦慢慢地长大了，升入了慕尼黑的卢伊特波尔德中学。在中学里，他喜爱上了数学课，却对其余那些脱离实际和生活的课不感兴趣。孤独的他开始在书籍中寻找寄托，寻找精神力量。就这样，爱因斯坦在书中结识了阿基米德、牛顿、笛卡尔、歌德、莫扎特……书籍和知识为他开拓了一个更广阔的空间。后来热爱学习和思考的爱因斯坦，通过自己的努力提出了狭义相对论，当年被人们认为无法成才的爱因斯坦，终于成了全世界公认的、当代最杰出的聪明人物之一。

[课堂活动]

成长辩论赛

围绕"学习是快乐的"和"学习是不快乐的"这两个观点开展辩论赛。

我的观点	我的理由
学习是快乐的	
学习是不快乐的	

[课后实践]

我是小医生

每个人在生活、学习过程中都会遇到一些困难，这些困难好比"疑难杂症"，挡住了我们前进的脚步。请你化身小医生，试着开一些小处方，来战胜这些生活、学习中的"疑难杂症"吧！

"疑难杂症"：_____
我的处方：_____

"疑难杂症"：_____
我的处方：_____

"疑难杂症"：_____
我的处方：_____

心情与收获

_____
_____
_____

一起看电影

《哪吒之魔童降世》（导演：饺子）这部影片改编自中国神话故事，讲述了哪吒虽"生而为魔"却"逆天而行斗到底"的成长经历。

精彩影评：

该片对经典的神话传说故事"哪吒闹海"进行了颠覆式改编，但影片以完成度极高、可观性极强的方式，讲好了一个熟悉又新鲜、热血又感人的"中国故事"。观众为角色命运与自身生命经验产生的共鸣而感动，更加懂得能掌握自己命运的永远只有自己。

基于哪吒传说的颠覆式改编，在《哪吒之魔童降世》完善的剧情构思下，电影有着打动人心的羁绊，有着催人泪目的亲情，有着关乎自我认知的觉醒，更有着哪吒"我命由我不由天"这种热血的反叛意识。这部足以让人为之瞠目的国产动画，不仅意味着国漫的崛起，更意味着国漫拥有了真正能与好莱坞动画佳作相媲美的灵魂。

哪吒不是一般意义上的英雄，他有着顽劣的过往经历，但在陈塘关需要他的时候，他的高声呐喊，他的不服输，他的强大韧性撕裂了囚禁他的无穷神秘力量，使他终于从魔童转变为拯救苍生的英雄。这样的反转和牺牲很惨烈，但足以激动人心，令人热血沸腾。

[课堂活动]

成长好声音

"我命由我不由天！是魔是仙，我自己决定！"

"若命运不公，就和它斗到底。"

……

《哪吒之魔童降世》中的一些台词一定非常吸引你，通过这些台词我们一定能深深感受到哪吒战胜重重困难，从魔童转变为拯救苍生的英雄的快乐。请选择影片中最令你感动的片段，模仿其中的人物进行配音展示。

[课后实践]

我是小画家

用心回忆自己在日常学习生活中的点滴，把你在学习中曾获得的快乐记录在叶子上，如果叶子不够用，可以自己添加。也可以发挥你的创意，用画笔绘就属于你自己的快乐成长树。

3 学习赋我未来

同学们,你知道自己每天学习的课程有什么特点吗?学习这些课程与未来有什么联系呢?你以后想在哪个领域或者在哪个职业中获得成功?你个人的能力和现在的学习是否能为你的梦想加分呢?我们每个人在学科学习方面都会有自己的强项和薄弱点。在学习上,如果我们遇到困难,就要善于分析,发现自己的薄弱点,并勇于挑战。成功与个人的能力和努力是密不可分的。只有自己不懈努力,才会达到预期的效果,让我们一起来寻找成功的奥秘吧。

一起听故事

为国铸盾的"人民英雄"——陈薇

在人类与病毒抗争的过程中,出现了很多令人敬佩的英雄人物,其中有一个人名叫陈薇。她是中国首席生化武器防御专家,也是为国铸盾的"人民英雄"。

陈薇生于浙江兰溪,学生时代的她是个喜欢文学和舞蹈的文艺女孩,还梦想过当作家。小时候的她聪明伶俐,上学之后,更是表现出了惊人的学习能力。中学毕业时,她金榜题名,考入浙江大学,攻读化学工程专业。1988年,陈薇获得化学工程系学士学位,也就是这一年,她被推荐到了清华大学化学工程系攻读硕士学位。如今，她的身份是中国工程院院士、军事科学院军事医学研究院生物工程研究所所长、少将军衔，从事与各种病毒打交道的工作。

2003年，"非典"暴发，陈薇率队在最短时间内率先推出防治非典新药——"重组人干扰素ω"喷鼻剂，并获准进入临床试验；2014年，西非大规模暴发埃博拉疫情，陈薇团队成功研发出世界首个2014基因型埃博拉疫苗，也是首个冻干剂型埃博拉疫苗。

从研制出首个"非典"预防生物新药"重组人干扰素ω"，到全球首个获批新药证书的埃博拉疫苗，再到在基础研究、疫苗、防护药物研发方面取得重大成果……从军三十余载，陈薇潜心于生物危害防控研究，带领团队不懈冲击、奋力前进，为人民构筑起一道道生物安全防护坚盾。

在军事科学院召开的庆祝陈薇荣获"人民英雄"国家荣誉称号大会上，陈薇动情地说："这是军人的使命，这份荣誉属于全国全军疫情防控科研攻关战线的所有同志！作为一名军事医学科研人员，我特别希望我们这艘科研'战舰'能够乘风破浪、行稳致远。我和团队将为此继续奋发努力，不负使命、不负时代。"

[课堂活动]

成长梦想秀

陈薇将军从小种下梦想，立志"与毒共舞"，为国参军，投身国防。梦想，是对未来的一种期望，是心中努力要实现的目标。梦想是我们前进的动力，是我们的指路明灯。你的梦想是什么？写写画画，大胆秀出你的梦想，并和伙伴一起将"梦想"贴满黑板，让梦想闪耀！

[课后实践]

我是职业经纪人

我们每天都要学习许多学科知识，它们都是与未来相关的，是未来所从事职业的必备素养。你知道不同的岗位或职业需要不同的学科知识吗？请你做一做职业经纪人，通过上网、查阅图书等方式找一找与我们所学学科相关的职业，然后可以向同学们进行推荐介绍。

学 科 类 别	未来相关职业
语 文	
英 语	
数 学	
信 息	
美 术	
自 然	
体 育	
音 乐	
……	

一起看电影

《钱学森》（导演：张建亚）这部电影主要讲述的是钱学森青年赴美、立志求学、涉险回国、建功立业等一系列鲜为人知的曲折人生经历。

影片时间追溯到1947年，钱学森成为加州理工学院喷气推进中心主任。1949年，国民党退守台湾，还不断派人来找钱学森，期望他为其效力，钱学森都断然拒绝。此时，美国国内政局突变，钱学森成为美国政府针对共产党的假想敌，钱学森夫妇丧失了基本的人权。离开美国的时候到了，钱学森一家却几经周折而不能回国，因为所有人深知钱学森若回国，将会对美国世界大国的战略地位造成不利影响。毛泽东和周恩来授命用11名美国战犯飞行员交换钱学森。钱学森终于带着妻子和一双儿女踏上了归国之旅。

1955年10月，看见祖国海关竖立的五星红旗，钱学森泪流满面。国内科学界将钱学森重回祖国怀抱当作一件盛事，表示热烈的欢迎。为了提高中国的国际话语权，毛泽东和周恩来商议之后，决定勒紧全国的裤腰带，全力支持钱学森进行火箭研究。

钱学森凭借异禀天赋，带领来自祖国各地的最尖端人才逆流而进，从仿制入手，终于奠定了中国的火箭基础。不久，"东风"系列火箭发射成功，并很快实现了携带核武器实施远程攻击的战略设想。

1966年10月,新中国第一枚核导弹于罗布泊靶场试射成功,全中国为此振奋!全世界至此不得不躬身倾听来自东方的声音。

钱学森忘我地学习与工作,不负众望,一次次刷新着中国的航空航天历史。中国航空至今仍在钱学森奠定的基础上不断突破。2003年10月,神舟五号载人飞船腾空而起,中国的航天事业就此步入辉煌!

[课堂活动]

成长"变变变"

每天我们都要学习许多学科知识,分析一下自己在学习上具备哪些优势,存在哪些不足,给自己制订一份变身计划吧!

我的变身计划

优点或强项:_____
_____

我的不足:_____
_____

达到的目标:_____
_____

新的目标:_____
_____

采取的措施:

1. _____

2. _____

3. _____

……

[课后实践]

我是职业规划师

长大后，你想从事什么职业呢？现在的你可以为未来的自己做什么准备呢？一起来为自己的未来进行规划设计吧！

一起谈收获

学习的过程充满了挑战，但同时也带来了无数的收获。通过学习，我们可以获得新的知识，理解更多的概念和原理。学习不仅可以提升我们的专业技能，如编程、写作、画画等，还可以锻炼我们的软技能，如沟通、团队合作和解决问题的能力。学习可以让我们接触到不同的文化、观念和思想，从而拓宽我们的视野。当我们通过学习掌握新的知识和技能时，我们的自信心也会随之增强。这种自信来自于我们对自己能力的认可和肯定，是一种内在的驱动力。当我们对某个主题或领域产生浓厚的兴趣时，学习就不再是枯燥的任务，而变成了一种愉快的体验。

通过不断学习，我们可以更好地适应环境的变化和应对未来的挑战。学习的收获远远超过了知识本身。它涉及个人成长、技能提升、视野拓宽、兴趣培养等多个方面。这些收获不仅对我们的职业发展有帮助，也让我们的个人生活更加充实和有意义。因此，我们应该珍惜每一个学习的机会，不断探索、发现和成长。

在"慧·学习"这一模块的学习中，你一定有很多收获吧？请你在下面的蜂巢中，写一写这一模块的学习体会，也可以请爸爸妈妈或老师、同学写一写一起学习、一起体验过程中的点滴感受。

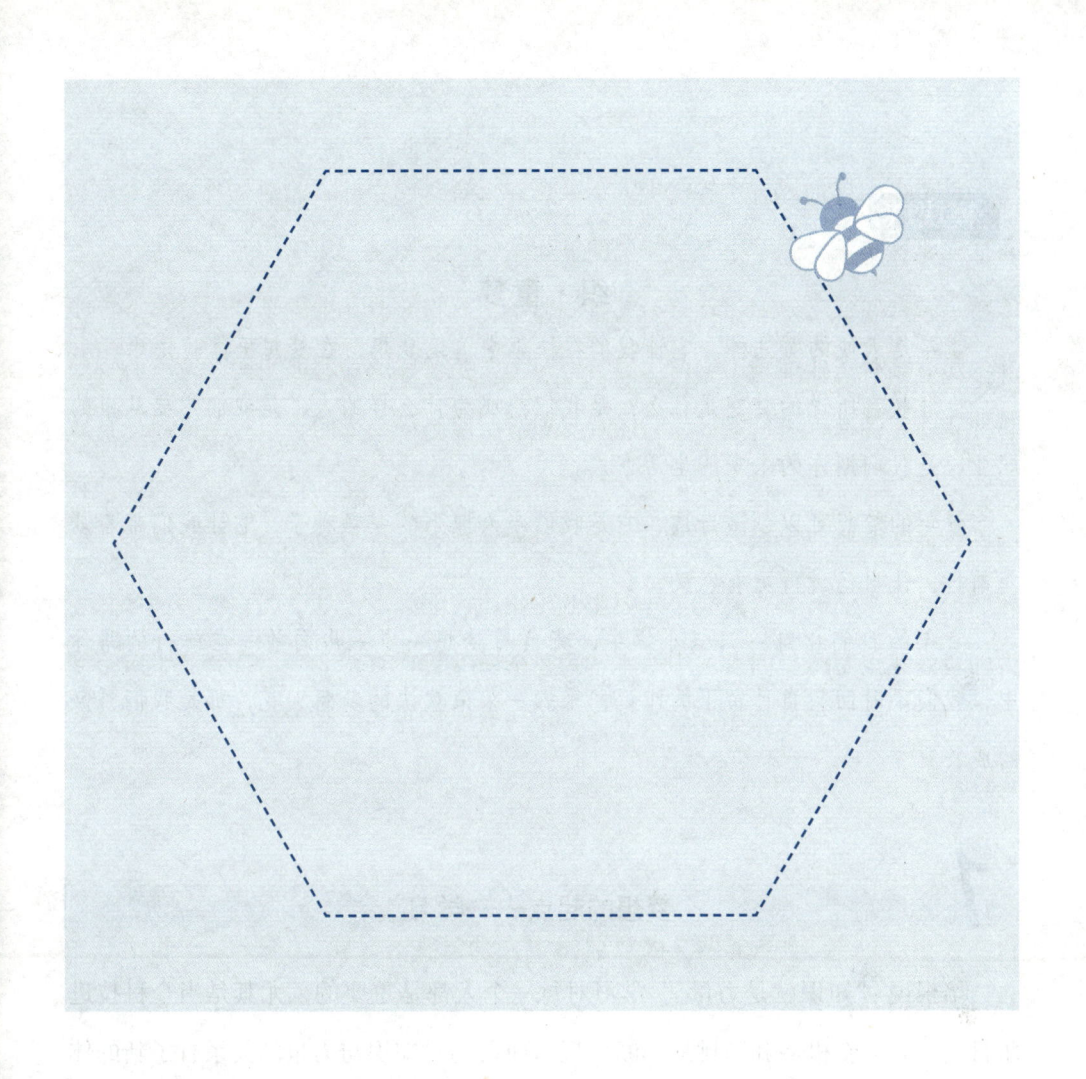

模块六

织·童梦

童年是天使的魔法棒。它让我们在快乐中追逐梦想，在梦想里体验快乐。

生涯教育所说的梦想是什么？是我们想成为什么样的人，是我们想要从事的职业，是我们期许的未来的生活方式。

童年的梦想可以创造奇迹，它是我们今天埋下的一颗种子，它让我们带着梦想前行，让自己过得更有意义。

童年的我们化身一只只小蜗牛，背负着梦想一步一步向前。在前行的路途中，我们不时回望自己留下的印记，采撷一朵朵欢快的梦想火花，那是我们骄傲的成长宣言。

1 梦想的起点——学习

培根说："知识就是力量。"学习对每一个人都是重要的，尤其是当今科技进步日新月异，新机遇和新挑战不断出现，使我们对知识与力量的关系有了新的体验，学习的重要性愈发凸显。知识的不断更新，也使终身学习成为必然趋势。作为小学生，我们更是要为明天打下扎实的知识基础。

一起听故事

陈毅吃墨

陈毅对书特别感兴趣，常常把书带在身边，有空就看上几眼，如果发现了一本好书，他简直比得到什么都高兴。

有一年，他到一位亲戚家去过中秋节。他一到那里就看见一本自己很想读的书，于是忘记了步行近十里路的疲劳，立即躲到一个空房间里专心地读起来，一边读，一边用毛笔做批注。亲戚几次来催他吃饭，他都舍不得将书放下。

亲戚就把糍粑和糖给他端去，谁知他嘴里吃着糍粑，注意力却还完全沉浸在书中。糍粑本该蘸糖吃，可他竟把糍粑伸到砚台里蘸上墨汁往嘴里送。

过了一会儿，亲戚又给他端来面，只见他满嘴都是墨，便喊了众亲友来看，大伙一瞧都忍不住捧腹大笑。

陈毅却很风趣地说："喝点墨水没关系，我正觉得肚子里墨水少哩！"

[课堂活动]

我的鱼骨图

鱼骨图绘制要求：

1. 请在鱼头处写上你进小学的年月，再根据自己的预测，在鱼尾处写上你小学毕业的年月。

2. 请找出今天你所在的位置，用一个自己喜欢的标记标注在中间的鱼骨上，并写上今天的日期和自己的年龄。

3. 请你进一步仔细回忆过去，以鱼头的时间点为初始点，标出过去对你影响最大或令你最难忘的3件事，用鱼刺表示。带来积极影响的事件写在朝上的鱼刺上，消极事件写在朝下的鱼刺上；并以鱼刺的长短表示事件对自己影响的大小。

4. 标出今后你最想做的两件事或最想实现的两个目标，同样用鱼刺表示。能够由自己全权决定的鱼刺朝上，需要别人参与或者全部由别人定夺的鱼刺朝下；并以鱼刺的线段长短表示意愿的强弱。

[课外活动]

我的学业

爱因斯坦曾经说过："在天才和勤奋两者之间我毫不迟疑地选择勤奋。"卡莱尔更是激励我们："天才就是无止境的刻苦勤奋的能力。"正处于学习阶段的我们，只有勤奋踏实地将一点一滴的知识掌握，才能最终走向成功。让我们一起整理在基础课程学习中的点点滴滴，检查自己的学习表现。然后，我们要继续发扬刻苦努力、不懈追求的精神，因为只有这样，我们才能实现自己的目标，在追逐梦想的舞台上一显身手。

基础课程学习表现				
项 目	内 容			备 注
学习评价	自我评价			从学习态度、方法、能力、成效等方面予以评价。
	同学评价			
	老师评价			
学习诊断	困扰/待加强项	使用过的方法	有效方法	从使用的方法中找到适合自己的有效方法。
优势学科			劣势学科	
学业水平荣誉记录				
努力方向				

备注：表格部分参考《闵行区高中生涯教育读本》之"学习表现"。

一起看电影

蝴蝶马戏团

《蝴蝶马戏团》是一部20分钟的励志短片，讲述的是蝴蝶马戏团收留了许多饱受生活磨难的人，其中有一位天生无四肢、时刻需要他人帮助的人，他的内心充满了自卑、阴暗甚至愤懑,但是因为受到马戏团中其他人的感染,他终于找寻到自我存在的价值,可以凭借自己的力量"站"起来。而扮演这位天生无四肢的人的演员,就是尼克·胡哲。

尼克·胡哲是"没有四肢的生命"(Life Without Limbs)组织创办人、澳大利亚杰出青年。他出生于澳大利亚墨尔本,天生没有双臂和双腿,只在左侧臀部以下的位置有一个带着两个脚指头的"小脚",他将其称为"小鸡腿"。他的成长过程十分艰难。然而,他克服了常人难以想象的困难,不仅学会了生活自理,还学会了骑马、打鼓、游泳、踢足球、打高尔夫球和冲浪等体育项目。他中学时是学校的学生会主席,顺利地获得了会计和财务规划本科双学位。他熟稔投资,大学毕业后拥有了自己的公司。

[课堂活动]

看了短片后,你印象最深的是什么?可以说一说你的观后感。

结合鱼骨图,谈一谈"我的成长故事"。

[课外活动]

阅读书籍:尼克·胡哲《人生不设限》。生来没手没脚的尼克·胡哲怀抱希望,追逐着人生的精彩。他不但可以游泳、打高尔夫球、冲浪、踢足球、骑马,还学会了打字、打鼓的技能。他8岁开始思考将面对怎样的人生,思考未来的目标、工作、生活。他演示了摔倒时面朝地面没手没脚的窘境,他学会尝试,学会坚持着重新站起来。他告诉大家没有无法实现的目标,没有遥不可及的梦想,他实践着没有双腿也能勇攀高峰的人生。

(本节建议两课时,三年级以上适用。)

2　　梦想的锤炼——实践

民间有谚语:下水方知水深浅,探索真理靠实践。教育家陶行知也曾说:"行动是老子,知识是儿子,创造是孙子。"足见实践对于学习的重要性。参加社会实践能有效了解社会,补足我们在家庭教育、学校教育中的不足。我们在实践中学以致用,更新知识结构,获取新的知识信息,增强自我发展、自我完善的动力,以适应社会的需要。

> 一起听故事

当幸福来敲门

克里斯·加纳是一个聪明的推销员，他勤奋努力，却总没办法让家里过上好日子。妻子琳达终究因为不能忍受养家糊口的压力，离开了克里斯，留下他和5岁的儿子克里斯托夫相依为命。

事业失败穷途潦倒，还成了单亲爸爸，克里斯的银行账户里甚至只剩下了21块钱，因为没钱付房租，他和儿子不得不被撵出了公寓。

克里斯好不容易得到了在一家声名显赫的股票投资公司实习的机会，然而实习期间没有薪水，而且20个实习生中只有一个能留下。但克里斯明白，这是他最后的机会，是通往幸福生活的唯一路径。没有收入，无处容身，克里斯唯一拥有的，就是懂事的儿子无条件的信任和爱。

他们夜晚无家可归，就睡在收容所、地铁站、公共浴室……一切可以暂时栖身的空地；白天没钱吃饭，就排队领救济，吃着勉强果腹的食物。

生活的穷困让人沮丧无比，但为了儿子的未来，为了自己的信仰，克里斯咬紧牙关，始终坚信：只要今天够努力，幸福明天就会来临！皇天不负苦心人，克里斯最终成为一名成功的投资专家。

父亲对儿子说：别总是让别人对你说"你做不到"，就算是我对你说也一样。你怀抱着梦想，就要守护它。他们做不到的事，就认为你也做不到。但事实并非如此，如果你有什么梦想，就去实现它。

[课堂活动]

拓展课程我做主

学校设置了不少自主拓展课程，供我们根据兴趣自主选择。从兴趣出发参加活动，可以不断增长和确认自己某些方面的兴趣和特长。在这些选择里，蕴含着你对未来职业的倾向。你的职业梦想就这样从兴趣出发，从提高能力开始啦！

自主拓展课程、社团经历		
自主拓展课程、社团名称		
指导老师		

续 表

自主拓展课程、社团经历	
老师评价	
同学互评	
学习内容	
学习收获	
本课程、社团相关职业兴趣联想	
我的职业梦想	

[课后活动]

实践活动新体验

　　社会实践活动是中小学课程之一，对于全面提高学生素质、促进学生健康成长具有重要意义。根据课程标准要求，学校每年都要组织同学们参加社会实践活动，让同学们在体验丰富课余生活的同时不断自我提高，收获快乐，感悟成长。家长也越来越重视孩子们的实践能力，你的家长是否也利用假期，为你报名各种实践夏令营呢？说说你的新体验吧！

实践活动体验报告			
实践活动地点		体验时间（天）	
实践参与方式	□自主报名	□家长意愿	□学校组织
活动目标			
活动体验项目与安排			

续 表

实践活动体验报告	
体验方式	☐观摩体验　　☐实践操作
活动成果	
活动收获新知识	
活动收获新体验	
活动收获新思考	
生涯发展新帮助	
职业梦想新思考	

[一起看电影]

　　国产电影《希望树》(导演：林珍钊)，讲述的是一位支教老师来到偏僻的山村，在山里照顾学生，教他们知识和游戏，把孩子们当作天使。他收下的一个交不起学费的学生，总是那样地与众不同，带头给他土豆，推车……而老师靠唱歌卖 CD 赚钱，给孩子们改善生活，发布网络求助消息，希望有更多人来到山里帮助孩子们。终于，支教老师用三年的时间改善了学校的办学条件和学生生活条件，之后他要去更需要他的地方。片中两次出现的希望果，寓意正是支教老师的志愿行动带给孩子们的梦想和希望。

[课堂活动]

我是小小志愿者

　　学校公共环境卫生的环保志愿服务、运动会上的志愿服务、新生报到迎宾活动以及校内各类礼仪志愿服务你都参与了吗？校外的公益志愿活动，你参加了吗？细数你小学阶段的每一次校内外志愿服务，看看自己在奉献中的成长。

我是小小志愿者				
姓　名		我的志愿口号		
志愿时间	志愿内容	完成情况	活动心得	证明人

[课外活动]

我和我的志愿者小伙伴

校内外活动丰富多彩，你们有没有成立志愿者团队，去社区做环保小卫士，去敬老院慰问老年人，去参加公益演出，或者参与推广普通话的"啄木鸟"行动等校内外团体志愿者服务？这些都可以积累社会实践经验，对你的生涯发展有很大帮助哦！

我和我的志愿者小伙伴			
志愿队队名		我们的口号	
主要成员	姓　名	联系电话	特　长
队　长			
组员1			
组员2			
组员3			
组员4			
组员5			

续 表

我和我的志愿者小伙伴			
志愿时间	志愿内容	完成情况	证明人
活动小结			
服务单位 建议与意见			
学校建议 与意见			

备注：此表参考《闵行区高中生涯教育读本》之"志愿服务"。

3 梦想的绘制——畅想

车尔尼雪夫斯基说："人的活动如果没有理想的鼓舞，就会变得空虚而渺小。"蝴蝶在茧里酝酿梦想，只为破茧而出的振翅。我们迈开成长的脚步，或浅或深，都为了一点点长大，一点点成熟，一点点接近梦想。

这个梦想就是生涯愿景，是引领我们的方向，也是我们对未来的期待。愿景会随着我们成长境遇的不同而调整。所以无论今天的你有着怎样的愿景都没关系，你尽管去想，万一成真了呢！

一起听故事

还记得那个"篮球女孩"吗？

2000年10月，一场意外的车祸，将云南省陆良县马街镇上庄村的4岁女孩钱红艳卷入车底，导致她骨盆以下完全截肢，成为残疾孩子。爷爷将旧篮球剪开一圈，套在她身体的下面，走路时她就用一双小手挂着特制的"木手垫"，"一步一步"地挪动身体，开始了借用篮球行走的生活，因此大家都叫她"篮球女孩"。

2007年，受到各界关爱的钱红艳在北京完成康复指导回到云南后，因家境贫寒面临求学的困境。曾培养过多名残疾人游泳世界冠军的国家队著名教练张鸿鹄看中了她，鼓励她成为一名专业游泳运动员。2007年8月，在云南省残联的大力支持下，张鸿鹄教练发起并成立了全国首家残疾人游泳俱乐部——"云之南"青少年游泳俱乐部，钱红艳被选入俱乐部成为首批队员。她以游泳队为家，接受专业的残疾人游泳训练，开始了全新的人生。钱红艳15岁时参加了在浙江举办的第八届全国残疾人运动会。残运会结束后，她和队友们又开始冲刺2012年伦敦残奥会。为此，她每天都要接受不少于4个小时的专业游泳训练。腼腆的钱红艳心里有个奥运梦想："我很希望能参加明年残奥会，站在冠军领奖台上。"钱红艳曾在云南省运动会上夺得3枚金牌，在2009年全国残疾人（18岁以下）游泳锦标赛中夺得1金2银，在2010年浙江绍兴举办的全国残疾人游泳锦标赛中夺得3枚银牌。

[课堂活动]

心有灵犀一点通

篮球女孩钱红艳，四岁时因为一场车祸失去了双腿，靠爷爷给她的半个篮球用胳膊走路。后来她因为一个偶然的机会加入了"云之南"游泳俱乐部，在付出了勇气、毅力和艰辛之后，获得了全国各类残运会金牌。受此启发，我们在整理小结的时候，不妨看看身边的伙伴，试着对他们的个性、体格、口才、兴趣等方面多加了解，并据此预测下同学喜好的职业。说不定你不小心就成了哪位同学的眼睛，帮他发现了一个不一样的自己，给他提出合适的建议呢！

归纳整理——心有灵犀一点通

主持人：_____ 组员：_____

请在椭圆形框里写下对同学的职业预测，并以思维导图的方式，从个性、体格、口才、兴趣等方面描述推测理由。

心有灵犀一点通

在还没有看到同学自己预测的职业前，试着根据自己在平日相处中对其的了解，预测一下同学喜好的职业。在小组讨论后，写下你的答案。

主持人：_____ 组员：_____

姓 名	预 测	结 果	姓 名	预 测	结 果

[课外活动]

我未来想要从事的职业

诸葛亮有云：志当存高远。请你描绘一张梦想中的职业蓝图，从现在开始，让梦想成为目标，再将目标划分成计划，为它制定可操作的行动策略，并将其安排在你每天的生活之中。如此，梦想就会慢慢靠近你。当然，确定努力方向很重要，然而实践才是成就梦想最重要的行动力，所以，让我们为着未来的职业梦想加油！

我未来想要从事的职业			
想要的工作	1.	2.	3.
工作内容			
工作时间			
工作地点			
薪资福利（如休假）			

续 表

需具备的条件 （学历、专业知识、体格、经验……）			
评估工作环境 有无危险			
为何选这份工作			
我还需要加强 什么能力，才足以 胜任这份工作			

[一起看电影]

不负此生

总觉得人这一生很长，其实不过短短的三万多天。

你有没有想过，要怎样度过这一生？与这个世界交手多年，你是否光彩依旧，兴致盎然如初？

短片《不负此生》（导演：楚原）根据真实故事改编而成，视频里的每个人都像现实中的我们，被否定、被指责、被忽视，仿佛跌到了人生最低谷。

在人生的每一个困惑阶段，我们迷茫着，挣扎着，对于曾经无比坚定的梦想，在日复一日看不到希望时，无数次想要放弃。

关于如何不负此生，并没有标准的答案。能够找到自我，知道自己是谁，同时活在自己最自在从容的地方，便是人生的意义所在。

珍惜当下，才能不负此生。

[课堂活动]

穿越时空照镜子

请你闭上眼睛，想象自己从这间教室走出去，即将进入时空隧道。转眼间我们来到20年以后，在一间有很多穿衣镜的大房间里放着各式各样好看的、帅气的衣服，兴奋的你正在照镜子。请仔细打量镜子中的自己，并记住镜子中自己的模样。时间到了，让我们回到教室。

[课外活动]

设计一张名片

梦想,它并不像星星那样遥不可及。你一步一个脚印,朝着梦想去攀爬,终有一天美梦成真,你成了自己想要成为的那个人,谋得了你心心念念的那个职业。请给那个时候的你设计一张名片,大胆写下那时的职位,把姓名、联系方式等在名片上注明。

我的名片

一起谈收获

在小学毕业之际,你对未来有怎样的憧憬?你为之做了哪些努力?在你认识的各行各业中,你梦寐以求的职业是怎样的?

在"织·童梦"这一模块的学习中,你一定有很多收获吧?请你在下面的蜂巢中,写一写这一模块的学习体会,也可以请爸爸妈妈或老师、同学一起写一写一起学习、一起体验过程中的点滴感受。

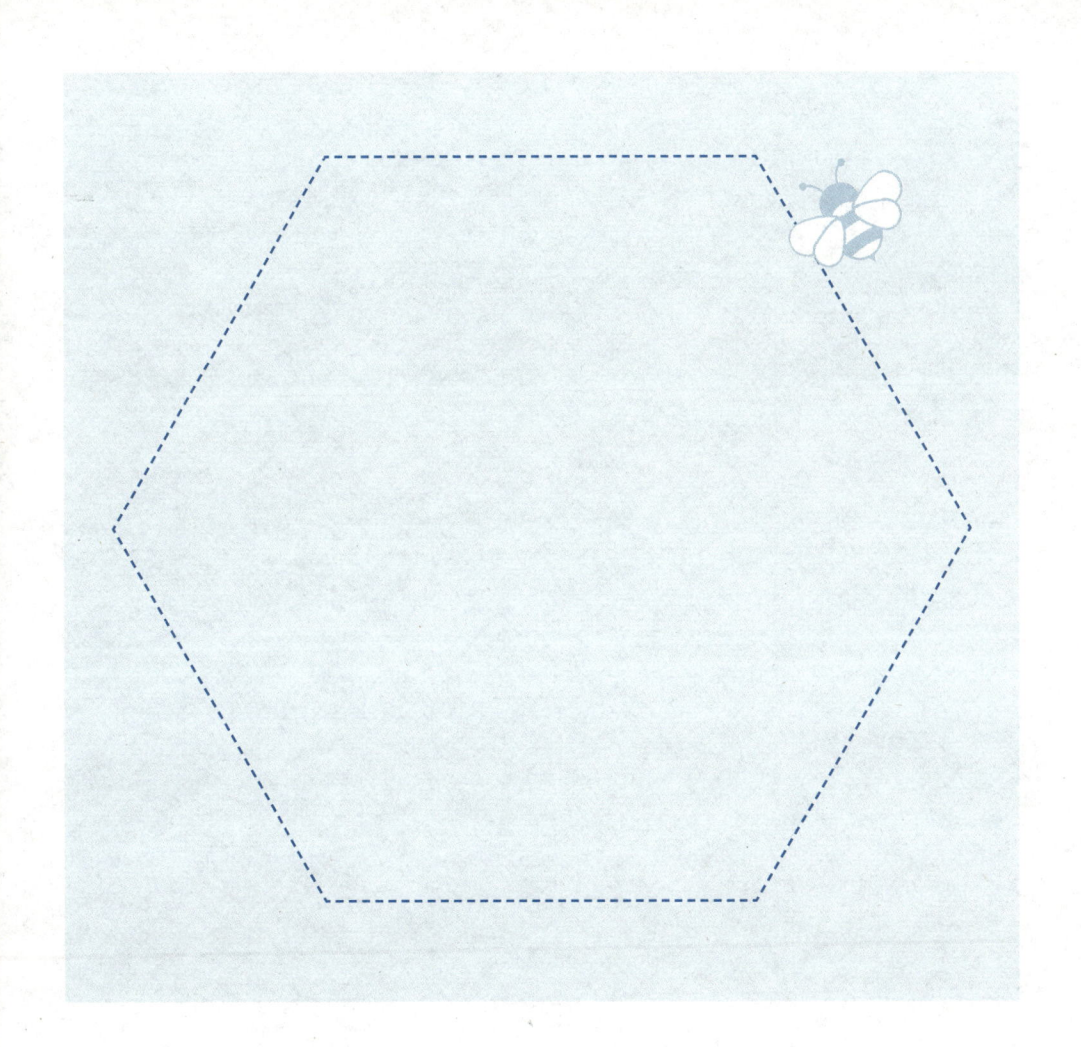

后 记

为全面贯彻落实党的教育方针，坚持立德树人、育人为本，以"为了每一个学生的终生发展"为核心理念，培养小学生生涯启蒙意识，促进小学生主动、健康、快乐成长，我区一直在实践与推进生涯教育，2013年开始在区域层面酝酿生涯教育，2014年发布《闵行区高中生涯发展教育实施若干建议》，2017年12月发布《闵行区中小学生涯教育若干建议》，等等。

我们希望基础教育阶段的生涯教育能进一步进行资源整合，建立长效机制，引导学生了解不同职业的特征及与之相匹配的人格特质，明确各种职业创造的社会价值，萌发对职业的向往。同时，帮助学生了解自身特质、能力水平、社会发展和环境支持条件等，做出合理的学习规划。

基础教育阶段的生涯教育，还可以从以下几个方面着力。

一是要融通职校资源。打造特色"职业体验日"和暑期"职业达人"活动，通过基地参观、职业人访谈、产品制作、职业角色模拟等活动，帮助学生发现自身的职业兴趣，启蒙职业理想，培养"劳模精神"和"工匠精神"。

二是形成家、校、社合力。通过家长学校、家长会等渠道，向家长宣传生涯发展理念，引导家长了解学生的职业倾向，使家长期望和学生发展愿望相协调。

三是开发校外生涯教育资源。重视与社区的紧密联系，依托社会资源，邀请企业家、杰出校友等举办讲座；通过综合实践、志愿者活动、社会服务活动等创造职业体验机会，帮助学生发现和培养兴趣，认识职业。

本书是闵行区开展生涯教育十年来的工作成果之一。尽管第三章"教育探索——基于体验活动的小学生涯课程建构"中的活动内容是由闵行区生涯教育一体化项目实践学校的老师所提供，但是本书的基本观点、整体架构完全是由区域生涯教育领导小组集体讨论、审议的结果。

全书由贾永春、李攀负责统稿。本书编撰过程中，以下老师在第三章不同模块中了做了大量的资料整理工作：闵行区虹桥中心小学张怡、闵行区鹤北小学朱卉婷、闵行区江川路小学李莉、闵行区实验小学李建凤、闵行区浦汇小学杨静、上海交通大学附属闵行马桥实验学校罗莉、闵行区七宝镇明强小学余滟娜、闵行区虹桥中心小学张倩、闵行区华漕学校钱飞、闵行区诸翟学校王志琴、闵行区曹行小学薛莉。在此一并对以上 11 位老师以及一直帮助、支持和关注我们的所有人表示衷心感谢。